001
학지컴인사이트총서

디지털 시대의

The Weather Forecast Map of
Advertising and Marketing
in the Digital Age

광고 마케팅

김병희 저

기상도

학지사

인사이트를 풍부하게

"태풍이 불면 어떤 이는 담을 쌓고, 어떤 이는 풍차를 단다."

태도의 차이를 설명할 때 쓰는 네덜란드 속담이다. 태풍을 위기로 인식하면 담을 쌓고, 에너지를 얻을 기회로 본다면 풍차를 달아야 한다는 뜻이다. 디지털 시대의 광고 마케팅 날씨도 마찬가지다. 어떤 이는 디지털 광고 마케팅에 날개를 달았는데, 어떤 이는 아직도 기존의 담을 넘지 못하고 있다. 기상도는 날씨 예보를 보여 주는 그림이지만, 어떤 분야에서의 전망을 비유적으로 표현하는 말로도 자주 쓰인다. 이 책에서는 광고와 마케팅을 날씨 예보에 비유하여 디지털 시대의 기상도를 살펴보았다.

모더니즘 시인 김기림은 일찍이 『기상도(氣象圖)』(창문사, 1936)라는 시집을 펴냈다. 「세계의 아츰」(아침의 방언), 「시민행렬」, 「태풍의 기침시간」(일어나는 시간), 「자최」(자취 혹은 흔적), 「병든 풍경」, 「올배미의 주문」, 「쇠바퀴의 노래」 같은 일곱 개의 소제목으로 이루어진 424행의 장시였다. 시인은 모더니즘 시의 본보기를 보여 주려고 이 시를 썼다고 한다. 모더니즘을 표방하며 문명 비판을 시도한 시를 읽다 보면 당시의 미디어와 광고의 흔적도 엿볼 수 있다. 몇 구절을 살펴보자.

"…… 중앙기상대(中央氣象臺)의 기사(技師)의 손은 / 세계(世界)의 1500여(餘) 구석의 지소(支所)에서 오는 / 전파(電波)를 번역하기에 분주하다……." (제3부 '태풍의 기침시간' 중에서)

"…… 붕산(硼酸) 냄새에 얼빠진 화류가(花柳街)에는 / 매약회사(賣藥會社)의 광고지(廣告紙)들 / …… / 지붕을 베끼운 골목 우에서 / 쫓겨난 공자(孔子)님이 잉잉 울고 섰다. / …… / 날마다 황혼(黃昏)이 쳐여 주는 / 전등(電燈)의 훈장(勳章)을 번쩍이며 / 세기(世紀)의 밤중에 버티고 일어섰던 / 오만(傲慢)한 도시(都市)를 함부로 뒤져놓고 / 태풍(颱風)은 휘파람을 높이 불며 / 황하강변(黃河江邊)으로 비꼬며 간다." (제4부 '자최' 중에서)

"다음날 / 기상대(氣象臺)의 마스트엔 / 구름조각 같은 흰 기(旗)폭이 휘날릴게다" (제7부 '쇠바퀴의 노래' 중에서)

자본주의 문명을 날씨를 예보하는 기상도에 빗대어 표현한 문제작이다. 전파를 번역하기에 분주한 중앙기상대 기사의 손은 오늘날 빅데이터를 분석하느라 바쁜 마케터들의 손과 다를 바 없다. 매약회사(제약회사)의 광고들은 지금도 여전히 디지털 미디어에서 난무하고 있다. 마케팅의 아버지 필립 코틀러(Philip Kotler)나 광고의 거장 데이비드 오길비(David Ogilvy)에게 밀려 "쫓겨난 공자(孔子)님이 잉잉 울고 섰다." 그뿐이랴? "전등(電燈)의 훈장(勳章)을 번쩍"이는 장면은 디지털 사이니지나 미디어 파사드와 다를 바 없다. 디지털 플랫폼이라는 태풍은 이제 '황하강변(黃河江邊)'을 넘어 오만한 지구촌을 함부로 휘젓고 있다. 광고 기상대의 마스트(기둥)엔 이제 "구름조각 같은 흰 기(旗)폭" 대신에 옥외광고 메시지가 빛나고 있다.

모두가 디지털을 강조하지만 정작 우리는 모바일, 스마트, 온라인, 디지털의 명확한 개념 차이도 잘 모른다. 모바일은 기기의 특성을, 스마트는 기술적 특성을, 온라인은 네트워크의 특성을, 디지털은 0과 1이라는 이진수 숫자열의 특성을 나타낸다. 네트워크를 기반으로 하는 온라인 광고는 모바일 광고와 스마트 광고를 포괄하지만, 디지털 광고의 하위 개념에 속한다. 디지털 미디어 시대에 무엇을 어떻게 할 것인지, 광고와 마케팅 커뮤니케이션 활동에 관심을 가진 사람이라면 누구나 이런저런 고민에 빠질 수밖에 없다. 그런 고민을 하며 쓰기 시작했던 『디지털 시대의 광고 마케팅 기상도』를 이제 세상에 내보낸다. 모두 3부로 구성된 이 책의 내용은 다음과 같다.

제1부 '광고 날씨를 결정하는 디지털 기술'에서는 데이터 기

술에 의해 미디어의 생존이 결정되는 시대에, 기술에 의해 결정되는 광고 현상을 분석하였다. 광고 기술과 경험의 확장, 인공지능이 바꾼 광고 세상, 개인 맞춤형 광고의 진화, 프로그래매틱 광고 기술에 대해 구체적으로 살펴보았다. 앞으로 광고 기술 시장이 급성장할 것이며 디지털 광고 시장이 성장할수록 광고 기술도 발전할 수밖에 없다. 기술을 만나 새롭게 진화하고 있는 광고 현상을 생생한 사례를 들어 설명하였다.

제2부 '마케팅 태풍을 몰고 온 디지털 플랫폼'에서는 제4차 산업혁명 시대에 혁신 기업들이 플랫폼 비즈니스에 집중하는 현실을 생생하게 소개하였다. 오투오(O2O)와 공유경제, 오티티(OTT)와 구용경제, 옴니채널 마케팅의 세계, 다중채널 네트워크(MCN)의 특성에 대해 알아보았다. 유료방송 사업자들이 합종연횡을 거듭하며 무한 경쟁을 가속화하는 동시에 다양한 디바이스를 활용해 언제 어디에서든 동영상을 볼 수 있는 미디어 환경에서 공유경제와 구용경제의 가능성도 탐색하였다.

제3부 '기후변화를 주도하는 디지털 광고'에서는 유기체처럼 움직이는 광고 생태계의 생존 원리를 규명하였다. 세상을 바꾸는 온라인 광고, 온라인 동영상 광고의 매력, 유튜브 광고의 끝없는 질주, 디지털 사이니지의 파노라마, 미디어 파사드의 미술관 구현 현상에 대해 심층적으로 검토하였다. 이제 온라인 광고와 온라인 동영상 광고는 소셜 미디어를 만나 날개를 달았다. 디지털 미디어의 총아인 디지털 사이니지를 비롯해 급격히

진화하고 있는 디지털 광고의 세계를 돌아보았다.

학지사에서는 '학지컴인사이트총서'를 야심차게 기획하였다. 총서의 첫 권으로 책을 내게 되어 영광스럽게 생각한다. 어려운 출판 여건에도 불구하고 이 총서를 출판해 주신 학지사의 김진환 사장님과 최임배 부사장님 그리고 원고를 검토해 더 좋은 책으로 만들어 준 편집부의 김순호 이사님과 김영진님께도 고맙다는 인사를 전한다. 그리고 학지사집현전의 학사님들과도 출판의 기쁨을 함께 나누고 싶다. 원고의 일부는 한국언론진흥재단에서 발행하는 『신문과 방송』의 '광고로 보는 세상' 꼭지에 연재된 내용도 있다. 원문 그대로 수록하지 않고 대폭 수정하고 보완하였다. 원고의 첫 독자로서 늘 응원해 주신 최광범 편집장님과 김수지 과장님께도 감사드린다.

시인은 『기상도』에서 현대시의 다양한 기법을 실험하면서 사회를 비판적으로 풍자했지만, 필자는 디지털 시대의 광고 마케팅 현상을 충실히 소개하고자 했다. 독자들이 디지털 시대의 광고 활동을 어떻게 전개할 것인지 고민하는 과정에 이 책이 광고와 마케팅 문제에 대한 인사이트(통찰력)를 풍부하게 제공할 수 있다면 저자로서 크나큰 기쁨이겠다. 학지컴인사이트총서의 진정한 기대 효과도 그런 것이 아니겠는가?

2021년 1월
김병희

차례

디지털 시대의
광고 마케팅
기상도

제**1**부

광고 날씨를 결정하는 디지털 기술

01
광고 기술과
경험의 확장

데이터 기술에 의해 미디어의 생존이 결정되는 시대에 미디어는 더 이상 하나의 채널이 아닌 또 다른 세계다. 광고산업 분야에서도 '기술'이라는 말이 최근 10여 년 사이에 급부상했다. 이전에도 텔레비전이나 라디오 광고 제작에서 장비를 활용해 광고 표현의 완성도를 높이는 데 기술을 적용했지만 어디까지나 장비를 다루는 기술에 불과했다. 독일의 글로벌 통계전문기관 스타티스타(Statista)는 글로벌 시장에서 디지털 광고비 총량은 해를 거듭할수록 증가할 것으로 예상했다. 디지털 광고시장이 성장할수록 광고 기술도 발전할 수밖에 없다. 기술 발전이 인류 문명을 바꿔 왔듯이, 광고도 기술을 만나 한류(韓流)와 같은 기류(技流, tech wave)를 타고 새롭게 진화하고 있다.

광고 기술(Ad Tech)이란 광고(Advertising)와 기술(Technology)의 합성어로 정보통신(IT) 기술을 접목한 첨단 광고를 뜻한다. 광고 기술은 단순한 광고를 넘어, 온라인과 모바일 이용자가 남긴 방문 기록을 기반으로 최적의 사용자를 실시간으로 겨냥하는 기술도 포함하는 개념이다. 또한 광고 효과를 높이기 위해 광고를 더욱 스마트하게 노출하는 방법이기도 하다. 광고 기술 시장이 앞으로 급성장할 것이라는 전망은 의문의 여지가 없다. 최근 마케팅과 광고 분야에서 주목받는 기술은 가상현실(VR), 증강현실(AR), 혼합현실(MR) 그리고 홀로그램 기술이다. 기술력으로도 주목받았지만 시장 규모도 급성장했다.

가상현실 광고

가상현실, 증강현실, 혼합현실 기술은 모두 소비자 스스로가 직접 겪어 보고 느끼고 체험할 수 있는 경험 마케팅(experiential marketing)에 폭넓게 활용되며, 해를 거듭할수록 그 쓰임새가 확산되고 있다. 가상현실, 증강현실, 혼합현실이 비슷해 보여 조금 헷갈릴 수 있지만, 대상물이 허상이냐 실상이냐에 따라 구분되기 때문에 그리 복잡한 개념은 아니다(김병희, 2015, 2016).

가상현실(Virtual Reality)은 현실이 아닌 100% 가상공간에서 콘텐츠를 소비하는 것으로 현실 세계와 완벽히 차단되어 디지털 세계에서의 경험을 극대화한다. 즉, 가상현실은 인체의 오감(시각, 청각, 후각, 미각, 촉각)을 자극하는 기술을 적용해 현실에 실재하지 않는 환경을 제공하거나 실제로 겪어 보기 어려운 상황을 체험하게 하는 기술이다. 영상과 음향이 360도 전방위에 걸쳐 구현되기 때문에 실제와 유사한 가상공간이 만들어진다. 따라서 소비자는 감각적 몰입도가 높아져 외부 장치를 활용해 가상현실 상황과 상호작용을 할 수 있다. 가상현실은 물리적 시공간을 극복하는 강력한 현존감(presence)을 제공함으로써 소비자에게 브랜드에 대한 긍정적인 경험을 하도록 한다.

소비자는 머리에 쓰고 영상을 즐기는 머리착용 영상표시장치(Head Mounted Display: HMD) 같은 기기를 활용해 현실과 단절된 가상환경을 체험할 수 있다. 나아가 컴퓨터 그래픽으로 구현되는 가상현실은 현실 세계에서 느낄 수 없는 새로운 경험을 할 수 있어 몰입감이 매우 높다는 장점이 있다. 그러나 가상공간에서의 경험은 몰입도가 높은 반면 현실감은 떨어진다. 시장조사기관인 디지캐피털(Digi-Capital)은 세계의 가상현실 시장 규모가 2022년에 150억 달러를 넘어서고 그 후에도 계속 증가할 것으로 전망했다. 가상현실은 지금도 디지털 영상 광고에 두루 활용되고 있지만 앞으로도 3D 광고 영상 분야에서 널리 쓰일 것이다.

가상현실 광고는 컴퓨터 그래픽 기술을 활용하여 소비자가 마치 실제로 가상의 환경에 처한 것 같은 인공적인 환경을 조성하며 제품, 서비스 및 브랜드를 체험할 수 있게 하는 광고 기법이다. 가상현실 광고에서는 가상현실(VR)의 특성인 몰입감과 실재감을 소비자에게 제공할 수 있다. 소비자는 다른 광고에서는 경험할 수 없었던 몰입감과 실재감을 가상현실 광고에서 경험할 수 있다. 그렇지만 가상현실 광고는 가상현실(VR) 기기를 가지고 있을 때만 경험할 수 있어 쉽게 대중화되지 못했다. 그러나 구글 카드보드(Google Cardboard)가 나오고 5G 서비스가 상용화되자 통신사에서 가상현실 기기가 대중화되는 데 필요한 다양한 제품과 서비스를 출시했다.

광고 창작자가 광고 기법으로 가상현실을 활용하려는 중요한 이유는 현존감을 구현할 수 있기 때문이다. 가상현실 광고를 체험하는 소비자가 만들어진 가상의 환경임에도 불구하고 그런 사실을 잊고 몰입하게 되는 심리적 상태가 현존감을 느끼는 상태이다. 현존감이란 어떤 대상이 특정 공간이나 장소에 존재한다고 생각하는 인간의 지각으로 정의할 수 있다. 현존감에는 개인의 주관적 현존감, 사회적 현존감, 환경적 현존감이라는 세 가지가 있다. 상호작용 광고의 현존감은 공간적 프레즌스, 지각적 사실, 사회적 사실, 관여도, 사회적 프레즌스, 공유된 공간, 사회적 행위자로 그 개념이 확장되었다(Lombard & Snyder-Duch, 2001).

모바일 소통이 보편화되면서 휴대전화로 통화하는 상대방을 마치 물리적 공간에 함께 있는 것처럼 느끼는 사회적 현존감 (social presence)은 특히 중요하다. 사회적 현존감이란 미디어에 의해 구현된 가상의 세계를 현실과 유사하게 느끼는 사회적 실재감을 의미한다. 사회적 현존감은 사회적 맥락, 프라이버시, 상호작용성, 온라인 커뮤니케이션이라는 네 가지 요인으로 구성된다(Kim, 2019). 따라서 가상현실 기술을 활용한 광고를 체험하는 소비자는 그 순간 컴퓨터 그래픽이나 기술적 요소는 잊고 현실적인 생생함을 느끼고 브랜드와 제품 및 서비스 경험에 몰입하게 된다. 이렇게 되면 광고 효과가 극대화될 가능성이 높다.

증강현실 광고

가상현실에 비해 증강현실(Augmented Reality)은 우리 눈에 보이는 현실 세계에 가상의 콘텐츠를 겹쳐서 새로운 경험을 할 수 있게 해 준다. 실제 세계에 가상의 대상물(object)을 합성해 제시함으로써 그 대상물이 마치 일상생활에 존재하는 사물처럼 보이도록 구현하는 것이다. 실제 환경과 완전히 분리된 가상현실 기술과는 달리, 증강현실 기술은 기본적으로 현실에 존재하는 실제 상황을 기반으로 광고 기획자가 전달하고자 하는 정보와 객체를 추가해서 제공할 수 있다. 주로 이용자의 스마트폰에서 구현되는 증강현실은 실재하는 세계를 대체하지 (replace) 않고 보완하는(supplement) 기술이라(최세정, 2017), 위치 기반에 따라 개인 맞춤형 마케팅을 실시간으로 실행할 수 있다. 몰입도가 높아도 현실감이 떨어지는 가상현실과는 달리, 증강현실은 현실 세계에 바탕을 두기 때문에 디지털 경험을 더 생생하게 할 수 있고 현실적으로 도움이 되는 정보를 얻을 수 있다는 장점이 있다. 가상현실에 비해 몰입감이 낮아도 HMD 같은 별도 장비를 착용하지 않아도 되어서 편리하다.

증강현실 광고는 증강현실(AR) 기술을 활용해 스마트 기기를 인쇄광고나 옥외광고에 삽입된 장치나 QR코드 정보에 접촉했을 때 사진, 영상, 메시지가 나타나게 하는 광고기법이다. 가상현실과 혼합현실과는 달리, 증강현실 기술은 스마트 기기만 있으면 쉽게 구현되므로 모바일 광고에서 많이 활용되어 왔다. 증강현실 기술을 활용해서 모바일 광고를 구현하면 장점이 많다. 증강현실 기술을 활용해 어떤 브랜드의 광고 콘텐츠를 제작하면 소비자와의 상호작용성을 강화할 수 있다. 증강현실은 소비자가 처한 환경이나 상황을 대체하지 않고 보완하는 기술이므로 소비자에게 실제 환경에서 다양한 브랜드 경험을 하면서 활발한 상호작용을 할 수 있도록 한다.

또한 증강현실 기술을 활용해서 모바일 광고를 구현하면 미디어 풍요성을 극대화할 수 있다. 미디어 풍요성이란 매개된 커뮤니케이션 상황에서 다양한 단서를 통해 얼마나 많은 정보를 전달하는지를 뜻하는 미디어의 역량을 의미한다. 미디어 풍요성은 느낄 수 있는 감각의 폭(sensory breadth)과 감각의 깊이(sensory depth)로 평가하기 때문에 미디어와 고객이 소통하는 수단이 다양할수록 강화된다. 증강현실 기술을 활용해 소비자가 살고 있는 현실 세계에 가상의 제품 정보를 추가함으로써 감각을 자극하면 미디어 풍요성이 깊어진다(이성미, 2020).

예를 들어, 펩시, 듀라셀은 버스 정류장 옥외광고에 증강현실 기술을 적용했다(2014). 영국 런던의 버스 정류장에 유리창처럼 보이는 증강현실 모니터를 설치했다. 버스를 기다리는 사람들은 갑자기 떨어지는 운석을 경험한다. 운석의 낙하, UFO 침공, 풍선을 타고 비행하는 사람, 동물원을 탈출한 호랑이까지 증강현실 모니터에서 튀어나온다. 별다른 관심 없이 지나쳤을 사람들도 광고를 보기 위해 멈춰 서서 즐거워하는데, 증강현실 기술 덕분에 가능한 일이었다. 증강현실 기술을 이용하는 광고는 앞으로 거대한 시장을 형성할 것이다. 애플, 페이스북, 구글 같은 글로벌 IT 기업들이 주목하는 증강현실 시장은 차세대 기술 중에서 가장 빠른 성장 속도를 보인다. 앞서의 디지캐피털은 세계의 증강현실 시장 규모가 2022년에 900억 달러를 넘어서고 그 후에도 계속 증가할 것이라고 전망했다(Digi-Capital, 2018). 이제 증강현실을 적용하지 않으면 광고를 할 수 없다고 말할 정도로 엄청난 폭발력을 지닌 핵심 기술이 되었다.

[그림 1-1] 펩시, 듀라셀의 영국 런던의 버스 정류장 옥외광고(2014)

혼합현실 광고

혼합현실(Mixed Reality)은 현실 세계와 가상 세계가 혼합된
상태로, 가상현실의 몰입감과 증강현실의 현실감이라는 장점
을 동시에 구현할 수 있는 기술이다. 즉, 완전한 가상 세계가 아
닌 현실과 가상이 자연스럽게 혼합된 스마트 환경이 제공되기
때문에 사용자 스스로 현실과 가상을 교차로 체험할 수 있다.
혼합현실(MR)은 증강현실의 단점으로 지적되는 낮은 몰입도를
개선하고 가상현실이 주는 이질감을 완화시켜서 가상의 이미
지가 마치 실제 환경의 일부분처럼 느껴지도록 소비자와 활발
하게 상호작용할 수 있는 기술이다. 혼합현실 기술은 제4차 산
업혁명의 핵심 기술의 하나로 주목받고 있으며 콘텐츠 산업은

제1부 광고 날씨를 결정하는 디지털 기술

물론 광고 창작 분야에서도 널리 활용되고 있다.

가상현실 공간과 증강현실 공간 정보가 결합된 융합 공간 속에서 정보가 새롭게 생성되면 소비자는 실시간으로 혼합되는 정보와 상호작용할 수 있게 된다. 따라서 혼합현실은 공간에서 정보의 사용성과 효용성을 극대화하는 차세대 정보처리 기술의 핵심 분야라고 할 수 있다. 혼합현실 기술은 소비자가 존재하는 실제 환경과 가상적 환경을 균형 있게 조합할 수 있기 때문에 소비자의 참여를 더 많이 유도하는 데 영향을 미친다. 처음에는 증강현실 기술이나 가상현실 기술과는 달리 기술적 한계가 많이 나타났다. 그러나 통신사들이 5G 네트워크를 상용화시킨 다음부터 소비자가 몰입 경험을 할 수 있는 혼합현실 콘텐츠 플랫폼이 확대되었다. 이렇게 되면 혼합현실 광고 크리에이티브가 자연스럽게 늘어나고 그 영역도 갈수록 확장될 수밖에 없다.

혼합현실은 광고와 마케팅은 물론 쇼핑, 교육, 게임 등 여러 분야에 두루 활용되고 있다. 예를 들어, 소비자는 혼합현실 기술이 적용된 이케아(IKEA)의 카테고리 앱을 통해 가구의 느낌을 미리 체험해 보고 쇼핑도 할 수 있다. 이케아 매장에 직접 가지 않더라도 혼합현실 기술이 적용된 앱을 활용해 이케아 물건들을 자기 집 분위기에 알맞게 원하는 위치에 미리 배치해 볼 수 있다. 실제로 가구를 사 온 다음에 집 안에 배치하던 이전의 패턴이 완전히 바뀌는 것이다. 이처럼 혼합현실은 소비자의 일상생활에 경험의 폭을 넓히며 광고와 마케팅 영역에 두루 적용되고 있다. 상상하는 장소나 공간을 얼마든지 미리 체험해 볼 수 있으니 꿈이 현실에서 구현되는 떨리는 감동을 혼합현실 기술이 제공하는 셈이다. 우리나라에서도 2017년에 '혼합현실 어드벤처 페스티벌(MRA, 2017)'이 열렸다는 점에서 앞으로 혼합현실 기술은 광고와 마케팅 분야에서 태풍처럼 확산될 것으로 예상된다.

[그림 1-2] 이케아의 카테고리 앱(2014)

제1부 광고 날씨를 결정하는 디지털 기술

홀로그램 광고

이밖에도 홀로그램 기술은 옥외광고 분야에 결정적인 영향을 미치고 있다. 피사체에 대한 모든 정보를 기록하는 기술을 홀로그래피(holography)라 하며, 이들 정보를 기록한 매체나 물질을 일컬어 홀로그램(hologram)이라고 한다. 홀로그램 기술은 도시 공간에 주로 적용되어 오다가 옥외광고의 여러 분야로 영역을 넓혀 나갔다. 홀로그램은 특정 공간에 빔이 투사되며, 이때 공간상에 3차원 형태의 영상이 재생된다. 홀로그램은 가상의 이미지를 물리적 공간과 자연스럽게 섞이게 해서 현실적으로 느껴지도록 유도한다. 홀로그램 기술은 영화에서 주로 쓰였지만, 최근에는 가수 보아의 2004년 일본 공연을 비롯해 가수들의 공연 장면에서도 자주 활용되었다(신일기, 2020). 우리나라에서도 앰네스티 한국지부가 2016년 2월 24일 광화문 광장에서 3차원 영상을 통한 홀로그램 가상 집회를 하면서 집회 및 시위의 자유를 보장하라고 주장한 바 있었다(유선의, 2016). 광장에 사람들이 모여 있는 홀로그램 이미지가 광장 한복판에서 재현되었는데, 사람들은 가상공간과 물리적 공간이 합쳐진 합성 공간 속에서 자유롭게 움직이며 이미지와 상호작용을 했다.

[그림 1-3] 앰네스티 한국지부의 광화문 광장 홀로그램 집회 보도 영상
출처: JTBC 8시 뉴스(2016. 2. 24.)

미디어로써의 홀로그램이 이전의 다른 광고 미디어들과 가장 다른 특징은 시각, 청각, 촉각을 통합한 미디어라는 사실이다. 홀로그램은 광고 메시지를 평면적인 이차원(2D)에서 입체적인 삼차원(3D)으로 확장하고, 피사체에 대한 모든 정보를 기록할 수 있어 광고 메시지에 대한 주목도를 높일 수 있다. 광고 창작자들은 메시지를 노출할 대상 공간을 입체적으로 분석한 다음, 그 공간의 형태에 알맞게 제품이나 브랜드에 관련된 입체 영상을 디스플레이나 프로젝터에 투사해 구현할 수 있다. 이제 광고 메시지는 홀로그램 기법을 만나 미디어아트의 수준으로까지 인정받을 수 있게 되었다. 현대 사회에서 미디어아트에 대한 수요가 늘어나고 있는 상황에서 앞으로 홀로그램을 활용한 광고도 증가할 것이다. 홀로그램은 광고 미디어를 확장할

제1부 광고 날씨를 결정하는 디지털 기술

계기를 제공하고 광고의 예술화를 시도할 발판이 될 수 있다는 점에서 앞으로 광고인들의 주목을 받게 될 것이다.

기술과 인간의 조화를 추구하며

광고 기술에 대한 관심은 갈수록 뜨거워지고 있다. 지난 2016년 8월 25~26일, 부산 벡스코에서는 제9회 부산국제광고제와 함께 세계 최대의 디지털 마케팅 콘퍼런스인 '애드텍(ad:tech)'이 국내 최초로 열렸다. 2001년 뉴욕에서 시작된 애드텍은 광고와 기술의 만남을 깊이 탐구하는 글로벌 마케팅 콘퍼런스다. 부산 애드텍에서 여러 전문가가 제기한 주요 내용은 다음과 같다(CJ E&M MEZZOMEDIA, 2016).

- 빅데이터의 95%는 최근 3년간 만들어졌는데 그중 80%가 소셜 네트워크의 데이터로 채워졌다는 것이다.
- 기사의 전달 방식도 모션그래픽이나 인포그래픽처럼 시각화된 저널리즘으로 진화한다는 것이다.
- 산업4.0 시대에는 하루에 2,050,000,000GB의 데이터가 발생하지만 빅데이터는 거대한 황금이 아니라 망망대해에서 건져 올리는 '사금'이라는 것이다.
- 빅데이터는 망망대해의 모래 속에서 사금을 채굴하는 과

정처럼 막막하고 힘든 일이지만 데이터를 제대로 정제해 모으기만 하면 금보다 빛나는 다이아몬드 같은 값진 결과를 얻는다는 것이다.

- 그 결과를 바탕으로 디지털 소비자의 불규칙한 특성을 규명하면 광고의 해법이 보인다는 것이다.
- 그렇기 때문에 앞으로 광고 창작자들은 기술과 인간의 조화를 끊임없이 고민하면서 창의성을 발휘해야 한다는 것이다.

앞으로 광고 기술 영역은 더욱 확장될 것이다. 가상현실, 증강현실, 혼합현실, 홀로그램은 물론 디지털 사이니지[1]나 웨어러블 디바이스 같은 스마트 미디어를 활용한 광고는 소비자의 경험 영역을 계속 확장시키고 있다. 빅데이터, 인공지능, 사물인터넷 기술은 정확한 표적 시장을 선정한 다음 거기에 최적화된 맞춤형 광고 메시지를 노출하게 하는 데 놀라운 속도로 기여하고 있다.

광고 기술이 발전함으로써 전통적인 광고의 유형이 변화했고 소비자와의 상호작용을 강화하며 광고 경험도 확장되었다. 지금의 광고 기술이 기존의 광고에 비해 소비자와의 상호작용

---

1) 디지털 사이니지(digital signage)는 디지털 정보 디스플레이를 이용한 옥외광고로 TV, 인터넷, 모바일에 이어 제4의 미디어로 주목받고 있다.

——————— 제1부 광고 날씨를 결정하는 디지털 기술

과정을 강화하고 소비자의 경험을 확장시킨 것만은 분명하다. 하지만 개선의 여지도 많다. 앞으로의 광고에서는 광고 기술 자체의 장점만 단순히 적용하기보다 소비자의 경험을 더 풍요롭게 활성화하는 방향으로 나아가야 한다. 소비자가 흥미진진해하는 가운데 자신도 모르는 사이에 브랜드 스토리에 젖어 들게 하는 광고를 만드는 기술로 발전해야 한다.

> ✔️ **핵심 체크**
>
> 기술 발전이 인류 문명을 바꿔 왔듯이, 광고도 기술을 만나 한류(韓流)와 같은 기류(技流, tech wave)를 타고 새롭게 진화하고 있다. 광고 분야에서 주목받는 기술은 가상현실(VR), 증강현실(AR), 혼합현실(MR), 홀로그램 기술이다. 앞으로 소비자의 경험을 더 풍요롭게 활성화하는 방향으로 광고 기술이 진화해야 한다.

02
인공지능이 바꾼 광고 세상

　광고 분야에도 인공지능(AI)이란 단어가 심심찮게 들려온다. 2016년 3월, 사람과 인공지능의 바둑 대결에서 알파고(AlphaGo)가 이세돌에게 4승 1패로 승리한 다음부터 인공지능은 세계적인 주목을 받았다. 인공지능이 그토록 발전했나 싶어 모두가 놀라워했지만, 인공지능이 인간의 영역을 침범할지도 모른다는 위기의식도 팽배했다. 인공지능을 활용하면 제품 유형은 물론 광고의 게시 위치와 크기까지 자동적으로 제시하므로 광고 효과의 극대화를 모색할 수 있다.

　광고 영역에서 인공지능은 광고매체 효과의 극대화, 마케팅 분석, 판매촉진 활동, 광고 크리에이티브의 활성화에 적극적으로 활용될 것으로 예상된다(김현정, 2020). 인공지능을 활용하면 타깃의 성향과 라이프 스타일에 맞춰 매체 전략을 수립함으로써 광고 효과를 극대화할 수 있다. 타깃 맞춤형 광고는 효과가 높은데, 이는 마케팅 분석이나 판매촉진 활동과도 연동되기 때문이다. 인공지능이 크리에이티브 분야에 미치는 영향도 강력하다. 그렇다면 인공지능은 광고 분야에 얼마나, 어떻게 영향을 미칠 수 있을까?

인공지능의 개념과 관련 용어

인공지능(Artificial Intelligence: AI)의 핵심은 데이터다. 입력된 데이터 A를 출력 데이터 B로 전환하는 과정에서 인공지능은 발전을 거듭해 왔다. 인공지능에 대한 정의는 많지만, 광고와 마케팅 측면에서는 미국 양방향광고협회(Interactive Advertising Bureau: IAB)의 정의가 폭넓게 인정받고 있다. IAB는 인공지능(AI)을 인간이 타인의 마음과 관련해서 생각하는 학습과 문제 해결 같은 인지 기능을 기계가 모방해서 대신하는 컴퓨터 시스템의 자동화된 모든 지능이라고 정의했다(IAB Data Center of Excellence, 2019).

인공지능이란 말이 나오면 기계학습(Machine Learning)이나 심층학습(Deep Learning)이란 용어가 함께 등장하는데, 인공지능을 구현하는 데 필요한 기술 용어다. 기계학습은 인공지능의

하위 분야이므로 모든 기계학습을 인공지능이라고 할 수 있지
만 모든 인공지능이 기계학습은 아니다(김미경, 2020). 기계학
습이란 문제를 해결하기 위해 명시된 규칙에 따라 프로그래밍
을 하지 않고 의사 결정에 필요한 패턴을 기계가 빅데이터에서
스스로 배우는 기술이다. 심층학습은 인간의 뉴런처럼 복잡한
컴퓨터 시스템의 인공신경망을 갖춘 기계가 비정형 데이터에
서 한번에 특성을 추출해서 판단하는 기술로, 알파고가 바둑을
배울 때 활용했다. [그림 2-1]에서 인공지능, 기계학습, 심층학
습의 관계를 확인할 수 있다.

인공지능은 이미 음악, 미술, 영화, 패션은 물론 광고 콘텐

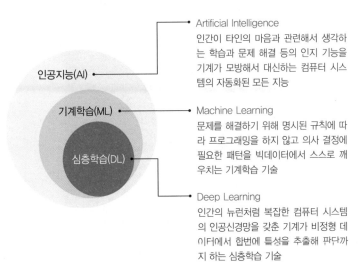

[그림 2-1] 인공지능, 기계학습, 심층학습의 관계

츠를 만드는 데 영향을 미치고 있다. 2016년 칸광고제(Cannes Lions)에서는 아이엔지(ING)의 '넥스트 렘브란트(The Next Rembrandt)' 캠페인이 두 개의 그랑프리(Cyber, Creative Data)를 비롯해 16개의 상을 받았다. 이 캠페인은 광고회사 JWT, 글로벌 금융회사 아이엔지(ING), 마이크로소프트, 델프트공대(TU Delft), 마우리초이스(Mauritshuis) 미술관, 렘브란트 미술관의 데이터 과학자들이 인공지능 기술을 활용해 17세기 바로크 시대의 화가인 렘브란트의 작품을 재현한 프로젝트였다(Microsoft reporter, 2016).

[그림 2-2] ING의 '넥스트 렘브란트' 홈페이지 초기 화면

출처: https://www.nextrembrandt.com/

컴퓨터가 렘브란트의 작품에서 각도, 붓질 방법, 물감 색상, 배합 비율, 농담(濃淡)을 분석한 다음, 인공지능의 안면 인식 기술과 심층학습 알고리즘을 적용해 렘브란트의 작품 346점을 3D 스캐닝 해 원작과 똑같이 3D프린터로 재현했다. 렘브란트 초상화의 경우, 인공지능이 흰색 깃이 달린 어두운 색상의 옷을 입고 모자를 쓴 30~40대의 백인 남성을 그려야 한다고 안내했다. 인공지능은 기존의 유화에서 세밀한 질감과 붓질 패턴까지 분석해 최적의 자료를 제공함으로써 렘브란트의 화풍을 그대로 반영한 거장의 초상화를 재현해 낼 수 있었다.

광고에서 인공지능을 활용하는 다섯 가지 목적

다른 분야와 마찬가지로 광고와 마케팅 분야에서도 인공지능을 급속히 수용하고 있다. LG전자는 2018년 11월에 자체 인공지능 시스템인 씽큐(ThinQ)를 알리기 위해 상황인지형 광고 캠페인을 유튜브에서 진행했다. '오늘의 씽큐' 캠페인에서는 지역과 날씨 및 관심사에 맞춘 기본 광고 24편의 데이터를 조합해, 각각 다른 정보가 담긴 300여 편의 광고를 만들어 날마다 개개인에 알맞게 제공했다. 빅데이터와 인공지능 기술이 결합될 때 가능한 상황인지형 광고는 앞으로 광고업계에서 주시해야 할 분야로 떠올랐다(김소연, 황보현우, 2020). 인공지능의 활

[그림 2-3] LG전자 씽큐의 상황인지형 광고(2018)

용 분야가 갈수록 넓어지겠지만, 광고와 마케팅 분야에서는 현재 다섯 가지의 목적을 달성하는 데 인공지능 기술이 활용되고 있다.

첫째, 실행 최적화(performance optimization)의 목적이다. 기계학습 알고리즘은 어떤 플랫폼에서 광고와 마케팅 활동이 제대로 수행되는지 신속히 분석해서 개선 방안을 제시한다. 인공지능은 실행 과정을 자동화시켜 시간과 비용을 절약해 준다. 프로그래매틱 광고 거래 활동에서는 인공지능의 기계학습 알고리즘에 따라 광고 구매와 판매가 실시간으로 이루어진다. 예산이 어떻게 쓰이는지, 누가 광고를 보는지, 광고 캠페인이 얼마나 효과적인지도 인공지능이 분석할 수 있다. 광고 캠페인의 성과와 예산 집행의 효율성은 광고 거래를 지원하는 인공지능

제1부 광고 날씨를 결정하는 디지털 기술

과의 상호작용에 따라 좌우된다.

둘째, 개인 맞춤형(personalization)의 목적이다. 인공지능은 기계학습을 통해 소비자 행동 자료를 실시간으로 제시한다. 대량 마케팅 활동은 앞으로 광고 효과가 낮아질 수밖에 없다. 인공지능은 인구통계학적 특성이나 심리적 특성을 비롯한 빅데이터를 바탕으로 최적의 맞춤형 분석 결과를 제시하므로, 기획자는 광고와 마케팅 전략을 더욱 현실적인 맥락에서 수립할 수 있다. 예측 분석 알고리즘은 온라인이나 오프라인 상황에서 구매할 가능성이 가장 높은 소비자 집단을 지정해 준다. 따라서 인공지능을 활용해서 더 현실적이고 상관성 높은 개인 맞춤형의 광고 마케팅 활동을 전개할 수 있다.

셋째, 광고 창작 자동화(automatic ad creation)의 목적이다. 인공지능을 활용하면 광고 목표에 적합하게 광고 창작 과정을 자동화할 수 있다. 소셜 미디어 광고 플랫폼에서는 링크를 연결해서 실행하는 지능형의 자동화 광고도 가능해졌다. 인공지능은 자연어를 생성해서 처리하기 때문에 뛰어난 광고 카피를 짧은 시간에 대량으로 쓸 수도 있고, 스스로 깨우치는 기계학습을 하기 때문에 시간이 흐를수록 더 좋은 카피를 쓸 가능성이 높다. 결국 인공지능은 광고 창작과 캠페인 활동을 전개하는 데 기여하는 동시에 광고 창작 작업을 간소화하고 비용을 절감하는 데도 상당한 도움이 된다(Kaput, 2020).

넷째, 수용자 타기팅(audience targeting)의 목적이다. 표적 시장을 선정하는 것은 광고와 마케팅의 출발점이다. 마케터나 광고 기획자는 인공지능을 활용해 표적 시장을 선정한 다음 소비자의 반응을 분석할 수 있고, 광고비 지출의 효과성을 비교해 어떤 전략이 더 나은 성과를 유도하는지도 알 수 있다. 기계학습에 수반되는 데이터의 피드백 회로(loop)를 만들어, 단순한 자료에서도 더 많은 소비자를 움직일 수 있는 통찰력을 발견할 수도 있다. 사람이 개입하지 않아도 스스로 깨우치며 개선해 나가는 인공지능의 잠재력은 기존에 써 오던 광고와 마케팅 프로그램으로는 따라잡기 어렵다.

다섯째, 미디어 믹스 모델링(media mix modeling)의 목적이다. 인공지능은 소비자가 각각 다른 채널의 메시지에 어떻게 반응하는지 분석해 미디어의 조합을 구체화하는 방안을 지속적으로 제시한다. 광고주는 그 방안에 따라 최적의 미디어 믹스 전략을 결정하고 광고 효과를 높일 수 있다. 인공지능이 제시한 자료에 따라 광고 메시지에 호의적이며 브랜드 충성도가 높은 소비자를 식별할 수도 있고, 채널별 메시지에 알맞게 소비자 집단을 최적화할 수도 있다. 결국 인공지능은 주어진 예산을 바탕으로 광고 효과를 극대화할 수 있는 최적의 미디어 믹스 전략을 자동적으로 도출해 줄 것이다.

광고 크리에이티브에 미치는 영향

2016년 4월, 일본 광고계에서는 흥미로운 실험을 했다. 일본의 껌 브랜드인 클로렛츠(クロレッツ, Clorets) 민트탭을 놓고, 인간 크리에이터 디렉터(CD)와 인공지능 CD가 아이디어 대결을 펼쳤다. 인간 CD와 AI-CD가 광고를 만들어 창의성의 우열을 가려보자는 취지에서 기획되었다. 대결의 규칙은 간단했다. "즉효 입 상쾌히, 10분간 지속되는(速攻お□スッキリ, 10分長続き)"이라는 키워드를 살려 각각 광고를 만들어 소비자의 투표를 거쳐 승자를 결정하는 방식이었다(宣伝会議, 2016). 일본에

[그림 2-4] 인간 CD와 AI-CD의 아이디어 대결 안내 화면
출처: 宣伝会議 AdverTimes (2016)

서는 과자 같은 주전부리나 식품을 '입의 연인(お口の恋人)'이라고 하는데, 그래서 모두에게 친숙한 껌이 대결 상품이 되었다.

각각의 아이디어를 바탕으로 두 편의 광고가 완성되었다. '푸른 하늘(青空)' 편에서는 한 여성이 푸른 하늘 아래서 드넓은 도화지에 클로렛츠 민트탭의 광고 카피를 붓글씨로 써 내려가는 장면을 보여 주었다. 카피는 짧은 한 줄이었다. "즉효 입 상

[그림 2-5] 클로렛츠 '푸른 하늘' 편(2016) [그림 2-6] 클로렛츠 '도시' 편(2016)

제1부 광고 날씨를 결정하는 디지털 기술

쾌히 10분간 지속되는- 클로렛츠 민트탭." 그에 비해 '도시[都市]' 편에서는 개 한 마리를 등장시켜 클로렛츠 민트탭을 찾아낸 개의 기쁨을 표현했다. 카피 자막은 이렇다. "난, 도시에 시달리는 개~", "성공-!", "그-러-니 즉시 상쾌히 씻어내고", "입 상쾌히 자유롭게", "즉효 입 상쾌히 10분간 지속되는", "와우-!", "클로렛츠. 즉효 입 상쾌한 민트탭." 두 편의 광고를 보여 주고 나서 9월 초에 결과를 발표했다. 어떤 광고에 대한 반응이 더 좋았을까? 광고물을 보며 광고 창의성의 수준을 평가해 보자.

광고회사 맥켄(McCann)의 도쿄 지사에서 개발한 인공지능 CD 베타(AI-CD β)가 있었기에 아이디어 대결이 가능했다. 베타는 10년 동안의 광고상 수상작을 분석해 소비자가 화려하고 직관적인 메시지를 선호한다고 판단하고, 빅데이터 알고리즘으로 그에 알맞게 아이디어를 냈다. 인간 CD는 서정적이고 은유적인 아이디어로 광고를 만들었다. 붓글씨 쓰는 광고를 사람이 만들었고, 개가 등장하는 광고는 베타의 아이디어를 바탕으로 사람이 마무리만 했다. 9월에 투표 결과를 종합하자 구마모토 미쓰루(倉本美津留) 인간 CD가 승리했다. 그러나 54% 대 46%라는 근소한 차이만 났을 뿐이었다(YouTube, 2017). 우리나라 방송에서도 광고 두 편에 대한 투표를 진행했다. KBS1-TV의 〈명견만리〉 프로그램에 나왔던 미래참여단은 베타의 아이디어인 '도시' 편에 25표나 더 많은 표를 찍었다(KBS1-TV,

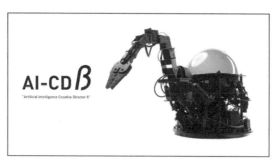

[그림 2-7] 세계 최초의 'AI-CD β'

출처: 宣伝会議 AdverTimes (2016)

2017. 4. 21.). 놀라운 결과였다. 인공지능 알고리즘을 활용한 아이디어 발상의 가능성을 보여 준 대사건으로, 인간의 달 착륙에 비견할 만했다.

2016년 4월 1일, 광고회사 맥켄의 도쿄 지사에 크리에이티브 디렉터로 입사(?)한 'AI-CD β'는 10년 동안의 광고상 수상작 외에도 수많은 광고물의 구조를 분석해 정해진 규칙대로 데이터를 저장했다. 광고 목표와 메시지 전략에 따라 데이터베이스에서 수시로 아이디어를 꺼내 크리에이티브 방향을 제시하는 능력까지 갖췄다(宣伝会議ブレーン編集部, 2017). 아이디어를 평가할 때 경험에 비춰 딱 보면 안다는 암묵지(暗默知)가 지금까지는 통했다. 이제 인공지능 CD가 등장했으니 아이디어 발상이나 평가 과정에서 암묵지는 통하지 않고 객관화할 가능성이 더 커졌다.

일본의 광고회사 덴쓰(電通)에서는 2017년 5월에 인공지능 카피라이터 아이코(AICO)를 선보였다. AICO는 'AI Copywriter'의 약자로 일본어로는 '귀여운 여자아이'라는 뜻도 된다. 일본의 한 신문사가 광고를 의뢰하자, AICO는 블로그와 뉴스 사이트에서 신문 광고에 대해 방대한 자료를 학습한 후 멋진 광고 카피를 써냈다. 2018년 12월에는 디지털 분야에 특화된 카피라이터 다이렉트 아이코(Direct AICO)를, 2019년 5월에는 덴쓰의 자회사인 덴쓰디지털에서 '어드밴스트 크리에이티브 메이커'를 개발했다. 인공지능이 광고 샘플을 대량으로 만들어 광

[그림 2-8] AI 카피라이터 아이코(2017)

[그림 2-9] AI 카피라이터 다이렉트 아이코(2018)

고 효과가 높을 아이디어를 판정해서 최종 노출하는 배너광고 제작 시스템이다.

중국 알리바바(阿里巴巴) 그룹 산하의 디지털 마케팅과 광고 플랫폼인 알리마마(阿里妈妈)에서는 2018년에 1초에 2만 줄의 광고 카피를 쓰는 인공지능 카피라이터를 개발하는 데 성공했다. 제품 페이지에 링크를 삽입하고 카피의 어조를 선택한 다음 버튼을 누르면, AI 카피라이터가 순식간에 수만 개의 카피를 쏟아낸다. 경이로울 정도로 많은 물량인데 사람은 그중에서 최적의 카피를 골라 쓰면 된다.

인공지능은 앞으로 아이디어가 생명이라는 광고 크리에이티브 분야에도 결정적인 영향을 미칠 것이다. 인공지능은 아이디어 발상 과정에서 회의주의가 사라지게 하는데 기여하고, 수많은 아이디어를 창출함으로써 스토리텔링의 타당성을 향상시킬 것이다. 나아가 인공지능은 빅데이터를 분석해 광고 콘셉트를 더 신속히 결정할 수 있도록 도와줄 것이며, 광고 창작자들이 빠지기 쉬운 주관성의 유혹을 객관적인 자료로 보완하는 경우에도 도움이 될 것이다(김병희, 2018).

인간과 인공지능의 가치사슬 정립

인간이 인공지능에게 지배당할 것인지 아니면 함께 공존할 것인지에 대한 논쟁은 이제 무의미해졌다. 일상생활에서도 그렇지만 광고 분야에서도 인공지능의 위력을 결코 도외시할 수 없게 되었다. IBM의 최고경영자인 지니 로메티(Ginni Rometty)는 인공지능 시대에는 블루칼라도 화이트칼라도 아닌 '뉴칼라' 계층이 떠오른다고 했다. 뉴칼라(New Collar)란 인공지능을 이해하고 관리하고 활용할 줄 아는 사람이다. 다시 말해서, 인공지능을 활용하는 사람만이 앞으로 더 나아갈 수 있다는 뜻이다.

바둑계에 알파고가 있다면 광고계에는 AI 크리에이터나 광고 기획자가 이미 활동하고 있다. 급변하고 있는 광고 환경에서 기존의 광고윤리와 광고법제를 새롭게 해석하고 적용하는 방안을 시급히 논의해야 한다. 보다 구체적으로, 인공지능을 활용해 제작하는 광고의 윤리적·사회적·경제적 쟁점에 대해 논의하고, 광고 창작 분야에서 인공지능을 활용할 때 인간과 인공지능의 협력 관계를 어떻게 설정할 것인지 현실적인 가이드라인을 마련해야 한다(이희복, 2019). 나아가 광고 분야에 인공지능에 관련된 정책 지원이 필요할 경우, 무엇이 현실적으로 유용한 방안인지에 대한 광고업계의 의견도 두루 수렴해야 한다.

지금 우리의 일상생활은 물론이지만 광고계에도 정말 놀라운 변화가 일어나고 있는 중이다. 인공지능을 위협적인 기계로만 인식할 필요는 없다. 사람이 해내기 어렵거나 시간이 많이 필요한 작업을 인공지능에게 맡기면 광고 업무에서 생산성이 향상될 것이다. 인간의 상상력을 전제하지 않고 인공지능만 신뢰하는 것은 오만이며, 인간의 상상력만 신뢰하고 인공지능을 활용하지 않는 것은 태만이다. 오만과 태만 사이에서, 인간과 인공지능의 가치사슬을 정립하는 문제가 정말 시급해졌다.

☑ **핵심 체크**

인공지능은 이미 음악, 미술, 영화, 패션은 물론 광고 콘텐츠를 만드는 데 영향을 미치고 있다. 인공지능 CD 베타(AI–CD β), AI 카피라이터 아이코(AICO), 디지털 카피라이터 다이렉트 아이코(Direct AICO)는 결코 무시하지 못할 존재가 되었다. 광고계에도 인공지능을 이해하고 관리하고 활용할 줄 아는 '뉴칼라' 계층이 주목받을 것이다.

03
개인 맞춤형
광고의 진화

광고의 성패를 결정하는 타깃 마케팅이 진화를 거듭하는 가운데, 소비자 정보를 더 정확히 파악하려는 노력이 지금 이 순간에도 계속되고 있다. 소비자의 인구통계학적 특성, 라이프 스타일, 관심사, 구매 기록 같은 개인정보를 바탕으로 개개인에게 적합한 맞춤형 메시지를 전달하려는 노력이다. 개인정보를 활용해 소비자에게 메시지를 전달하는 개인 맞춤형 광고가 인기다.

과거에도 전화나 우편을 활용해 개인 맞춤형 광고가 시도되었지만, 인터넷이 발달하면서부터 개인 맞춤형 광고는 광고와 마케팅 분야에 천지개벽을 일으키고 있다. 인터넷에서 실시간으로 개인정보를 수집할 수 있게 되자, 맞춤형 광고의 정확성과 효율성이 급속히 향상되었다. 더욱이 빅데이터 분석 기법과 알고리즘 기술이 최근 들어 급격히 발달하면서 개인 맞춤형 광고는 새로운 도약의 계기를 맞이했다.

개인 맞춤형 광고의 개념

개인 맞춤형 광고의 초기 형태는 소비자의 관심과 욕구를 검색어로 파악해 그에 알맞은 제품이나 서비스를 제시하는 검색 광고였다. 소비자가 입력한 검색어 정보에서 욕구와 기대를 파악한 검색 광고는 일반 광고보다 효과가 더 높다고 알려져 개인 맞춤형이라는 광고 장르를 새로 열었다. 인터넷을 비롯해 IPTV, 디지털 케이블TV, 모바일 같은 디지털 기반의 미디어는

[그림 3-1] 영화 〈마이너리티 리포트〉의 한 장면

제1부 광고 날씨를 결정하는 디지털 기술

개인 맞춤형 메시지를 제공하는 최적의 환경이었다. 영화 〈마이너리티 리포트〉(2002)에서처럼 광고가 사람의 얼굴을 알아보며 저절로 반응하는 개인 맞춤형 광고의 시대가 시작되었다.

방문자의 인터넷 브라우징 이력을 반영해 이전 웹사이트의 상품이나 서비스를 노출하는 재표적 광고(re-targeted advertising)는 검색 광고가 발전된 형태였다. 클릭 이력이 나중에 되살아나 이전의 사이트에 저절로 연결되기 때문에 재마케팅 광고라고도 한다. 프랑스의 크리테오(Criteo)가 2006년에 처음 서비스한 이후, 구글 디스플레이 네트워크(GDN)는 재표적 광고의 강자가 되었다. 국내의 다음 디스플레이 네트워크(DDN)도 소비자의 필요에 맞춘 재표적 광고를 제공했다. 정보 요청자에게 제공되던 검색 광고와 달리, 재표적 광고는 요청하지 않아도 소비자의 필요에 맞춰 메시지를 제공한다(최세정, 2017).

개인 맞춤형 광고란 이용자의 온라인 검색 기록과 브라우징 정보를 종합한 개인정보를 일정 기간 수집해서 만든 행동 프로파일을 바탕으로 개인별로 최적화시킨 광고 기법이다. 소비자 행태를 반영한 맞춤형 광고에서는 같은 인구통계학적 특성을 지닌 소비자일지라도 각자의 취향과 관심사에 맞춰 광고 메시지를 제공한다. 예컨대, 미국의 훌루(Hulu), 페이스북, 구글, 아마존, 영국의 애드스마트(AdSmart), 홍콩의 나우TV(NOW TV)를 비롯해 네이버와 카카오에서도 맞춤형 광고를 시도했다.

미국 연방거래위원회(FTC)는 검색, 방문 웹페이지, 이용 콘텐츠 같은 소비자의 온라인 이용 행태를 일정 기간 추적해서 소비자의 관심 분야에 맞춰 메시지를 전달하는 광고를 행태 기반의 맞춤형 광고(behavioral advertising)라고 정의했다. 관심사에 대한 행태정보를 제공하므로 소비자는 행태 기반의 맞춤형 광고에 거부감을 거의 나타내지 않는다. 웹사이트 방문 이력, 앱 사용 이력, 구매 및 검색 이력을 비롯해 이용자의 활동에 관련된 모든 정보를 행태정보라고 한다. 이 광고는 원하는 소비자에게만 노출하기 때문에 기업의 입장에서도 광고 효과가 높다고 기대한다. 광고에서 제공하는 정보를 취사선택할 수 있어 소비자의 쇼핑 시간과 비용이 절약된다.

소비자의 행태정보는 크게 두 가지 방식으로 수집된다. 웹사이트 소유자가 웹사이트 이용자의 행태정보를 이용자의 컴퓨터에 저장시키는 당사자(first party) 추적 방식이 그 첫 번째다. 웹사이트를 재방문하면 이전의 로그인 정보가 자동으로 뜨게 하는 전통적인 쿠키(cookies)가 당사자 추적 방식의 사례다.

웹사이트 소유자가 수집한 웹사이트 이용자의 행태정보는 광고 활동에 활용하기보다 이용자의 편의를 고려하려는 의도가 강하다. 이에 비해 제3자(third party) 추적 방식은 웹사이트 소유자가 아닌 제삼자가 그 웹사이트 이용자의 행태정보를 수집하는 경우다. 웹사이트 소유자와 계약을 맺은 광고 네트워크 사업자들은 대개 이 방식으로 행태정보를 수집해 개인 맞춤형 광고를 노출한다.

광고 유형과 수집 정보

개인 맞춤형 광고는 효과적이지만 개인정보가 노출될 가능성이 높다. 방송통신위원회는 이 문제에 주목해 개인정보를 보호해야 할 사업자를 두 가지 유형으로 분류했다(방송통신위원회, 2017). '온라인 맞춤형 광고 사업자'는 자사나 타사의 웹사이트와 앱 같은 온라인 매체를 통해 행태정보를 수집해 광고를 전송하는 사업자를 의미한다. '온라인 광고 매체 사업자'는 자사 웹사이트와 앱 같은 온라인 매체를 통해 행태정보의 수집을 허용하거나 온라인 맞춤형 광고가 전송되도록 하는 사업자다. 네이버와 카카오 같은 포털 사업자, 쇼핑몰 사업자, 온라인 미디어 등이 여기에 해당된다.

방송통신위원회는 '온라인 맞춤형 광고 사업자'를 다시 두 가지로 세분화했다([그림 3-2] 참조). '당사자 광고'는 자사 사이트를 통해 직접 수집한 행태정보를 이용해 자사 사이트의 이용자에게 맞춤형 광고를 전송하는 사업자다(유형 ①). '제삼자 광고'는 타사 사이트를 통해 타사 이용자의 행태정보를 직접 수집하거나 타사로부터 받은 타사 이용자의 행태정보를 활용해 다른 온라인 매체의 이용자에게 맞춤형 광고를 전송하는 사업자를 뜻한다(유형 ②).

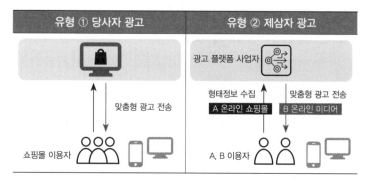

[그림 3-2] 온라인 맞춤형 광고의 유형

출처: 방송통신위원회(2017. 2. 7.)

개인 맞춤형 광고를 노출하려면 웹이나 디지털 매체에서 정보를 확보할 수 있는 다양한 입력 정보가 필요하다. 소비자의 로그인 정보를 바탕으로 개인의 소비 행태를 추적할 수 있어야 비로소 개인 맞춤형 광고가 가능하다는 뜻이다. 이 정보들은 개인 맞춤형 광고를 하는 데 필수적이지만 개인 프라이버시를 침해할 가능성이 높기 때문에 자주 논란이 되어 왔다. 가장 보편적으로 수집되는 웹 기반의 정보들은 다음 네 가지다(정상조, 2008).

첫째, 웹서버에서 이용자의 웹브라우저에 보낸 쿠키에 대한 정보다. 이용자가 사이트를 방문할 때마다 쿠키가 텍스트 파일 형태로 서버에 전송되어 이용자에게 맞는 개인 맞춤형의 웹페이지를 전송하도록 도와준다. 쿠키는 마지막 방문 기록을 다시 제공함으로써 인터넷 이용의 편리성을 증진하지만, 쿠키를 통해 이용자의 웹사이트 이용 정보가 노출될 가능성이 높다. 미국의 온라인 광고회사인 더블클릭(DoubleClick)은 쿠키 기반의 맞춤형 광고를 제공하는 기술 때문에 논란의 중심에 서기도 했다.

둘째, 이용자가 입력한 검색어의 흔적인 검색 쿼리(Search queries) 정보다. 인터넷 이용자의 활동 현황을 알 수 있는 핵심 정보라고 할 수 있다. 검색어의 빈도는 개인의 관심사나 생활 양식을 추론하는 근거로 활용된다. 검색 쿼리는 광고와 마케팅 활동에 있어 이용자의 관심사에 맞춰 광고 메시지를 제시하는 데 활용된다. 이 때문에 포털 사이트나 초고속인터넷 서비스 제공업체는 이용자의 검색 활동을 수집하고 있다. 이용자는 개인정보가 무방비로 노출될 가능성이 항상 존재한다.

셋째, 무선주파수를 이용해 저장된 데이터를 비접촉으로 읽어 내는 전파식별(Radio Frequency Identification: RFID) 정보다. 한국기술표준원에서는 RFID를 전파식별이 아닌 '무선인식'이라고 명명했다. 유비쿼터스 환경에서는 거의 모든 물건에 전파식별 태그가 부착되어 있어 개인이 필요로 하는 제품 정보를 손쉽게 얻을 수 있다. 전파식별의 태그 정보는 처음에는 특정 물품에만 한정되지만, 그 정보가 어떤 개인의 행태와 결합하면 특정인을 나타내는 개인정보로 활용될 가능성이 높아진다.

넷째, 콘텐츠의 지적 재산권을 보호하는 디지털 저작권 관리(Digital Right Management: DRM)에 대한 정보다. 스마트 시대에는 저작권자의 '이용 허락'을 얻은 다음에 콘텐츠를 소비해야한다. 이용 허락을 얻지 않은 익명의 소비는 불법이다. 따라서 소프트웨어를 활용하려고 해도 인증번호를 입력한 다음 저작권자의 승인을 받아야 한다. 이처럼 인증번호를 승인받는 과정에서 개인정보가 수집된다. 저작권자의 권리를 보호하는 데 필요한 과정이지만 승인 과정에서 개인정보도 노출된다.

개인정보 보호와 규제 완화

개인 맞춤형 광고는 분명 효과적이지만 자신도 모르게 수집된 정보를 바탕으로 소비자의 이용 행태를 관찰한다는 점에서 프라이버시를 침해할 수 있다. 빅데이터 분석 기법이나 정보 추적 기술이 발달할수록 개인정보의 노출 가능성도 커진다. 방송통신위원회는 2017년에 「온라인 맞춤형 광고 개인정보보호 가이드라인」을 마련해 개인정보 보호 원칙과 조치 방법을 제시했다. 그에 따르면 온라인 맞춤형 광고 사업자가 개인정보 보호를 위해 준수해야 할 원칙은 네 가지다.

첫째, 행태정보의 수집과 이용의 투명성 원칙이다. 광고 사업자는 이용자가 자신의 행태정보가 수집되어 이용된다는 사실을 알 수 있도록 안내해야 한다. 당사자 광고의 경우, 이용자가 쉽게 알 수 있도록 홈페이지의 첫 화면이나 광고 제공 화면에 이런 사항을 안내해야 한다. 제삼자 광고의 경우, 광고 안이나 주변에 '안내 표지'를 해서 관련 사항을 알려야 한다. 특히 만 14세 미만의 어린이가 주로 이용하는 서비스에서는 맞춤형 광고를 위해 행태정보를 수집하면 안 된다. 제삼자 광고의 경우, 온라인 맞춤형 광고임을 알 수 있게 하는 표지를 광고물에 의무적으로 표시하게 하는 것은 광고 크리에이티브 측면에서도 필요하다. 소비자는 특별히 표시한 광고에 대해 일반적인 온라인 광고와 다르게 느껴 클릭을 덜할 가능성이 높기 때문이다.

둘째, 이용자의 통제권 보장의 원칙이다. 광고 사업자는 당사자 광고(유형 ①)는 물론 제삼자 광고(유형 ②) 모두에서 행태정보의 제공과 광고 수신 여부를 이용자가 쉽게 선택하도록 한 가지 이상의 통제수단을 안내해야 한다(〈표 3-1〉 참조). 제삼자 광고의 경우, 광고 화면에서 광고 수신 여부를 선택할 수단을 반드시 제공하도록 강제함으로써 이용자의 통제권을 보장했다. 광고 화면이나 관련 링크에서 광고 수신 여부를 직접 선택할 수 있게 하는 것, 이용자의 단말기에서 쿠키나 인터넷 이용 기록을 삭제·차단할 수 있게 하는 것, 광고 사업자가 제공하는 링크를 통해 협회 등의 단체 웹페이지에 접속할 경우 광고 수신 여부를 선택할 수 있게 하는 것 등 세 가지 방법이 통제권을 보장하기 위해 제시된 방안이었다.

<표 3-1> 온라인 광고 사업자의 행태정보 수집과 이용안내 방법

사업자 유형	광고 사업자		매체 사업자
광고 유형	당사자 광고 (first party, 유형 ①)	제삼자 광고 (third party, 유형 ②)	-
표지 위치	-	광고 내부 및 주변부에 안내 표지 설치	-
안내 위치	홈페이지 첫 화면 또는 광고가 제공되는 화면	표지와 링크된 별도 페이지	홈페이지 첫 화면 또는 광고가 제공되는 화면
안내 사항	① 수집하는 행태정보의 항목 ② 행태정보 수집 방법 ③ 행태정보 수집 목적 ④ 행태정보 보유·이용 기간 및 이후 정보처리 방법 ⑤ 이용자 통제권 행사 방법 ⑥ 이용자 피해구제 방법	① 행태정보를 수집·처리하는 사업자명 ② 수집하는 행태정보의 항목 ③ 행태정보 수집 방법 ④ 행태정보 수집 목적 ⑤ 행태정보 보유·이용 기간 및 이후 정보처리 방법 ⑥ 이용자 통제권 행사 방법 ⑦ 이용자 피해구제 방법	① 행태정보를 수집해 처리하는 광고 사업자명 ② 행태정보 수집 방법 등

출처: 이시훈(2017), p. 42와 정수연(2018), p. 16 종합

셋째, 행태정보의 안전성 확보 원칙이다. 광고 사업자는 행태정보를 유출하고 노출하거나 부정한 사용을 방지하기 위해 방송통신위원회에서 고시한 '개인정보의 기술적·관리적 보호조치 기준'을 참고해 필요한 안전조치를 해야 한다는 것이다. 광고 사업자는 목적 달성을 위해 필요한 기간 동안에만 행태정

보를 저장하고, 그 후에는 즉시 파기하거나 안전하게 분리해 저장해야 한다.

넷째, 인식 확산 및 피해구제의 강화 원칙이다. 광고 사업자는 이용자나 광고주에게 맞춤형 광고와 행태정보 보호에 관한 사항을 적극적으로 안내해야 한다는 것이다. 나아가 광고 사업자는 맞춤형 광고에 관한 문의와 개인정보의 침해 관련 요구를 처리하기 위해 이용자가 쉽게 이용할 수 있는 피해구제 방안을 운영해야 한다.

이 가이드라인은 개인정보를 무분별하게 수집하던 관행을 제한했다는 점에서 긍정적인 영향이 기대되며, 앞으로의 규제 방안을 정립하는 데도 시사점을 제공한다. 법률 개정 같은 법적 구속력을 추구하지 않고 자율규제를 권고한 점도 인상적이다. 그렇지만 앞으로 보완해야 할 대목도 눈에 띈다. 다음과 같은 보완책을 생각해 볼 수 있다.

첫째, 행태정보의 개념과 범위를 더욱 명확히 정의해야 한다. 현재 우리나라에서는 행태정보의 개념이나 개인정보와의 관련성에 대한 해석이 통일되지 않았다. 행태정보의 구체적인 개념과 범위를 해석할 때 모호한 측면이 있고 규제 방식도 통일되지 않은 셈이다. 규제 방향을 결정할 주요 근거인 행태정보의 개념과 범위가 확정되지 않으면 사업자들이 개인정보의 보호 기준을 지키려고 할 때 혼란스러울 것이다(정수연, 2018). 따라서 행태정보의 개념과 범위에 대한 포괄적인 합의를 도출하는 과정이 필요하다.

둘째, 당사자 광고와 제삼자 광고에 대한 규제에서 차이를 둬야 한다. 현재는 두 유형 모두에 공통의 가이드라인을 적용하면서도 제삼자 광고 사업자를 더 엄하게 규제하고 있다. 미국 연방거래위원회(FTC)는 2007년의 가이드라인을 보완해 2009년에 발표한 「온라인 행동 광고의 자율규제 원칙」에서 당사자 광고를 온라인 맞춤형 광고에서 제외했다(FTC, 2009). 우리나라에도 개인정보의 침해 가능성이 낮은 당사자 광고에 대해서는 가이드라인을 적용하지 않아야 한다.

셋째, 개인정보 수집에 대한 사전 동의 원칙을 보완해야 한다. 사전 동의는 이용자의 통제권을 보장하지만, 사업자에게는 사전 동의를 받는 과정이 시간과 노력이 투여되는 업무의 연장이다. 「정보통신망법」 제22조 2항에 의하면 '정보통신서비스 제공자가 서비스 계약의 이행을 위해 필요한 정보'일 경우에는 포털사 등에서 이용자의 동의를 얻지 않아도 정보를 수집할 수 있다. 이처럼 법 조항과 가이드라인 조항이 상충될 소지가 있으므로(이시훈, 2017) 서로 충돌하지 않도록 사전 동의의 원칙을 개선해야 한다.

개인 맞춤형 광고는 앞으로 광고산업의 성장을 견인할 것이다. 광고 크리에이티브 측면에서도 창의적인 아이디어 발상의 광맥이 될 수 있다. 다만, 개인정보 보호에 대한 소비자의 불안감을 해결했을 때 그렇다는 말이다. 결국 개인 맞춤형 광고의 미래는 광고 사업자의 행태정보 수집과 소비자의 개인정보 보호라는 시소게임에 따라 결정될 개연성이 있다.

수집 목적에 따라 개인정보의 침해 가능성이 다른데도 지금처럼 당사자 광고와 제삼자 광고 모두에 동일한 규제를 적용하는 것은 바람직하지 않다. 미국 FTC의 자율규제 원칙도 광고 시장의 현실에 맞게 수정하며 완성도를 높여 왔다. 앞으로 개인정보 보호 범위에 대한 불확실성을 없애고, 침해 가능성의 정도에 따라 규제를 완화하는 데 광고인들의 지혜를 모아야 한다. 나아가 광고업계 자체적으로 가이드라인을 준수하도록 권고하는 자율규제 제도도 정착시켜 나가야 한다.

☑️ 핵심 체크

개인 맞춤형 광고는 분명 효과적이지만 자신도 모르게 수집된 정보를 바탕으로 소비자의 이용 행태를 관찰한다는 점에서 프라이버시를 침해할 수 있다. 빅데이터 분석 기법이나 정보 추적 기술이 발달할수록 개인정보의 노출 가능성도 커진다.

04
프로그래매틱
광고 기술

광고 거래 구조에서 혁신이 일어나고 있다. 그동안 우리나라 광고시장에서는 '광고주→광고회사→매체사' 또는 '광고주→광고회사→미디어렙→매체사' 식의 거래 구조가 일반적이었다. 하지만 모바일 광고가 활성화되면서 광고·유통 구조가 달라지고, 플랫폼사가 주도하는 새로운 거래 질서가 떠오르고 있다. 모바일 광고의 거래 질서를 바꾼 원천은 '프로그래매틱 광고(programmatic advertising)'라는 일찍이 없었던 광고 기술이다.

미디어렙 운영에 있어서도 프로그래매틱 구매 시스템은 광고업계에 새로운 변화를 불러왔다. 기존에는 사람 간의 거래를 통해 광고 구매가 이뤄졌지만, 이 시스템을 활용하면 미리 설정된 디지털 알고리즘에 따라 소비자 분석 자료에 알맞게 자동적으로 광고 거래를 할 수 있다. 광고 인벤토리의 판매와 구매 과정에 알고리즘이 관여하는 셈인데, 사람이 거래할 때보다 신속성과 효율성도 더 높은 것으로 알려졌다.

프로그래매틱 광고의 발전

광고업계에서는 프로그래매틱 광고를 '애드 네트워크(Ad Network)'라고 부르는 경우가 많지만, 세계적으로 널리 쓰이는 표준어는 '프로그래매틱 광고'다. 광고 현장에서 두루 쓰이는 '실시간 입찰(Real-Time Bidding: RTB)'이라는 용어는 옥션을 통해 광고비가 역동적으로 결정되는 프로그래매틱 광고의 특성이 반영되었다.

프로그래매틱 광고의 일반적인 특성은 다음과 같다. 개별 광고물의 임프레션(impression)에 따라 영상물의 거친 정도인 입상도(粒狀度, granularity)를 소비자 단위로 측정할 수 있고, 광고주가 원하는 임프레션에 알맞게 광고물의 실시간 거래를 할 수 있다는 점이다. 소비자 정보를 실시간으로 분석해 지속적으로 업데이트할 수도 있으며, 계약과 포스팅에 필요한 모든 과정이 자동적으로 이루어진다. 또한 입찰에서 선정되면 광고주의 데이터를 바탕으로 실시간으로 광고물을 생성할 수 있다.

　　　제1부 광고 날씨를 결정하는 디지털 기술

여러 가지 특성을 고려할 때 프로그래매틱 광고는 '이용자의 검색어와 검색경로 같은 빅데이터는 물론 어떤 디지털 광고의 임프레션을 실시간으로 분석하는 디지털 알고리즘에 따라 광고주에게 적합한 광고물을 자동적으로 배치하고 의사 결정을 하는 광고 기술'이라고 정의할 수 있다(Winslow, 2015). 프로그래매틱 광고 기술은 인터넷 이용자의 사이트 접속 방문기록(쿠키)으로 그 사람의 소비 행태를 예측한 다음, 광고주에 따라 적합한 광고를 선별해서 제시한다. 개인정보를 활용하지 않기 때문에 프라이버시를 침해할 우려도 없고, 방문기록(쿠키)을 활용해 개인 맞춤형 광고도 제공할 수 있다. 광고주는 저렴한 비용으로 더 높은 광고 효과를 기대할 수 있게 되었다. 따라서 프로그래매틱 광고의 발전은 필연적일 수밖에 없다.

프로그래매틱 광고 기술은 대략 2011년부터 현장에 적용되었다. 다음과 같은 현상들이 광고 기술로 집약된 결과, 새로운 광고 거래 질서가 태어났다. 첫째, 프로그래매틱 광고처럼 실시간으로 의사 결정을 하려면 100분의 1초 내에 빅데이터를 처리할 수 있는 기술이 필요한데 대용량 컴퓨터가 등장함으로써 그것이 가능해졌다. 둘째, 캠페인 목적에 적합한 광고 공간을 결정하려면 곳곳에 산재하는 대용량 데이터를 장기간에 걸쳐 저장해야 하는데 저렴한 비용에 데이터 저장 문제를 해결할 수 있게 되었다. 셋째, 기술이 급격히 발전함으로써 수학자나 양자(quantum) 물리학자들이 마케팅 영역에 진출하게 되었고, 그에 따라 마케팅의 과학화가 현실화되었다. 넷째, 광고물 가격이 수요와 공급에 의해 실시간으로 변하는 광고시장의 역동성에 따라 광고 공간이 주식 거래 형태로 바뀌기 시작했다. 다섯째, 광고시장의 글로벌 표준화가 진행됨으로써 광고산업의 발전 속도가 빨라지기 시작했다. 여섯째, 광고 효과의 극대화에 필요한 자료를 100분의 1초 내에 세계인이 공유할 정도로 데이터의 신속한 연결이 가능해졌다. 일곱째, 쿠키나 로그인 정보에 따라 디바이스를 이용하는 개별 소비자를 분석해 내는 정확한 타깃팅 능력이 고도화되었다(김병희, 지준형, 지원배, 김기현, 김두완, 2016).

초창기 모바일 광고의 거래 구조는 광고주가 원하는 매체사(publisher)에 연락해서 계약 조건에 합의하고 광고를 매체사에 전달하면, 매체사는 자사의 홈페이지에 노출되도록 광고물의 수정 작업을 거쳐 전송하는 형태였다. 광고주는 매체사가 늘어날수록 광고를 효과적으로 관리하기 어렵다며 업무의 어려움을 토로했다. 그 후 초창기의 문제점을 보완하기 위해 광고주와 매체 사이에 거래를 대행하는 광고 전송사업자(Ad Network)가 생겨났다. 애드 네트워크사는 광고주와 매체의 영업과 거래에 필요한 시스템을 개발해 운영했다. 매체사에는 세팅하기 쉽고 수익성이 높으며 양질의 광고주를 확보할 수 있다는 사실을 강조했다. 광고주에게는 광고 전송을 효율적으로 할 수 있는 양질의 매체를 보유하고 가격이 합리적이며 광고 집행 결과를 신속히 보고해 준다며 광고 전송사업자를 활용하라고 홍보했다.

　애드 네트워크의 수익 모델을 예를 들어 설명하면 다음과 같다. 첫째, '가'라는 애드 네트워크는 A 매체, B 매체, C 매체에 광고 1,000번 노출에 1,000원을 지불한다는 계약을 체결한다. 둘째, 다시 '가' 애드 네트워크는 'b 광고주'와 스포츠 관련 홈페이지에 광고 1,000번 노출에 1,200원을 받는 계약을 체결한다. 셋째, '가' 애드 네트워크는 스포츠 관련 홈페이지인 A 매체와 C 매체에 광고를 송출해 A 매체에 광고 700번 노출, C 매체에 광고 300번을 노출하고 'b 광고주'에게 1,200원을 받아 A 매체에 700원, C 매체에 300원을 지출하고 200원의 수익 마진을 얻는 구조다([그림 4-1] 참조).

　최근에는 초창기와 발전기의 애드 네트워크의 단점을 보완하고, 참여 주체의 이익을 대변할 수 있는 중간거래 주체가 생겨나는 형식으로 애드 네트워크가 진화해 왔다. 즉, 애드 네트워크는 구조의 고도화와 양적 성장으로 수요와 공급을 원활하

[그림 4-1] 애드 네트워크의 광고 거래 구조

게 조정하는 방식으로 발전했다. 지금 우리나라 인터넷신문의 경우 애드 네트워크사를 통해 같은 광고물이 동시에 여러 매체에 노출되며 광고가 실시간으로 전송되거나 중단되고 있다. 현재는 애드 네트워크사가 네트워크를 통해 모든 광고를 송출하는 구조로 운영되고 있다.

구글과 페이스북은 실시간 데이터를 활용한 자동화 및 데이터 기반 캠페인의 실효성을 광고주에게 적극 제안함으로써 프로그래매틱 광고의 초석을 마련하는 데 기여했다. 광고 기술을 개발하는 업체들도 구글과 페이스북의 비즈니스 모델을 바탕으로 경매 시스템, 입상도, 투명한 거래 같은 프로그래매틱 광고의 핵심 원칙을 발전시켰다. 이에 따라 광고주의 다양한 수요와 수많은 온라인 매체가 표준화되었고, 프로그래매틱 광고 기술에 의한 광고의 자동 거래가 가능해졌다.

프로그래매틱 광고의 **집행 과정**

프로그래매틱 광고는 광고주, 광고회사, 수요자 플랫폼, 광고 트래픽 거래소, 공급자 플랫폼이라는 경로를 거쳐 매체사와 거래가 이루어진다. 이 과정에서 광고 주체들은 수시로 상호작용을 하게 된다. 프로그래매틱 광고의 거래 과정에 대해 보다 자세히 알아보기로 하자.

수요자 플랫폼(Demand Side Platform: DSP)은 광고주가 광고 트래픽 거래소(Ad Exchange)에서 막대한 물량의 지면을 효과적으로 선택해 구매할 수 있는 디지털 미디어 구매 플랫폼이다. 이 플랫폼에서는 광고주 입장에서 효과적인 광고 인벤토리를 편리하게 구매할 수 있도록 실시간 입찰 같은 기능과 다양한 데이터를 제공한다. 데이터 관리 플랫폼(Data Management Platform: DMP)에서는 엄청난 물량의 데이터를 분석하기 위해 정보를 저장하고 관리한다. 광고 트래픽 거래소는 광고 인벤토리를 실시간으로 입찰하고 거래를 중개하는 곳으로, 다양한 애드 네트워크를 연결해 주는 중간 관리자를 의미한다. 공급자 플랫폼(Supply Side Platform: SSP)은 여러 미디어(Publisher)를 대표하는 광고 자동화 플랫폼인데, 수많은 애드 네트워크와 연동해 광고 관리를 탄력적으로 수행한다. 매체사 입장에서 여러 광고주를 편리하게 관리할 수 있는 플랫폼이기 때문에 최고가의 광

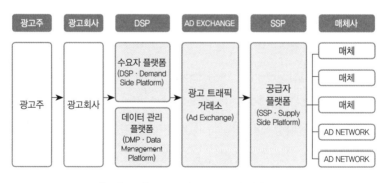

[그림 4-2] **프로그래매틱 광고의 거래 구조**

고를 판매해 수익을 극대화할 수 있다. 애드 네트워크사는 광고주와 광고회사 또는 매체사 중간에서 매체사의 인벤토리를 사서 광고주에게 판매한다([그림 4-2] 참조).

매체사에서는 자체 인터페이스나 공급자 플랫폼(SSP)을 활용해 프로그래매틱 광고를 제공한다. 처음에는 매체사가 수요가 없거나 아직 판매되지 않은 광고 스페이스를 경매를 통해 처분할 목적에서 공급자 플랫폼을 활용했다. 하지만 최근에는 과학적인 분석 기법을 써서 광고 효과의 정교한 모델링이 가능해짐에 따라 프로그래매틱 광고의 임프레션 정보와 광고주의 현황 정보까지 모두 제공하는 정도로 발전했다.

광고물의 임프레션 정보가 수요자 플랫폼(DSP)에 실시간으로 제공되면, 수요자 플랫폼이나 각 광고주가 설정한 기준에 따라 어떤 광고에 대한 구매 결정이 이루어진다. 광고주는 수요자 플랫폼에서 광고물의 임프레션 정보를 확인해 그 광고물을 사는 데 필요한 금액을 제시해 입찰(bidding)에 참여하면, 그중 가장 높은 금액을 제시한 광고주가 해당 광고물을 최종적으로 구매하게 된다.

매체사 입장에서는 여러 광고주를 편리하게 상대하고 최고가의 광고를 판매해 수익을 극대화하려는 공급자 플랫폼(SSP)과 광고주 입장에서 편리하고 효율성 높은 광고 인벤토리를 구매하는 데 필요한 부가적 정보를 제공하는 수요자 플랫폼(DSP)간에 1초에 수백만 번 이상의 연산 처리가 반복되며 프로그래

제1부 광고 날씨를 결정하는 디지털 기술

매틱 광고 거래가 이루어지는 것이다.

앞에서 언급한 공급자 플랫폼 또는 수요자 플랫폼 서비스를 제공하는 업체는 매우 많다. 이러한 업체들의 연결 관계를 파악하기 위해 대체로 루마 파트너스(Luma Partners LLC)에서 제공하는 '루마스케이프(Lumascape)'를 활용한다. 루마스케이프는 공급자 플랫폼과 수요자 플랫폼뿐만 아니라 프로그래매틱 광고의 집행에 관여하는 모든 매체사와 관련 업체들의 연결관계를 시각적으로 보여 주는 일종의 순서도라고 할 수 있다 (ADVENUE, 2020).

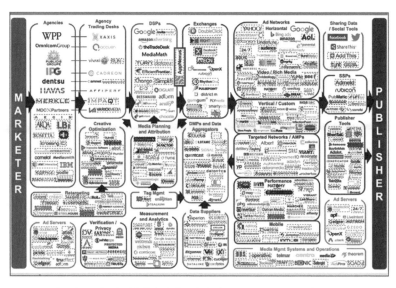

[그림 4-3] **디스플레이 루마스케이프(Display Lumascape) 2020**

출처: ADVENUE (2020. 1. 12.)

루마스케이프의 핵심 구성요소에 대해 알아보자. 가장 중요한 요소는 광고주와 매체사이다. 각 업체는 광고회사와 판매대행사(Sales House)를 통해 연결된다. 공급자 플랫폼과 수요자 플랫폼이 바로 판매대행사의 역할을 한다. 공급자 플랫폼과 수요자 플랫폼의 거래는 온라인 인터페이스를 통해 진행되며, 이론적으로 모든 프로그래매틱 광고에 대한 정보를 모든 광고주에게 제공할 수 있다. 이들 기업은 소비자의 쿠키 정보를 바탕으로 프로그래매틱 광고를 집행한다.

페이스북에서도 쿠키 정보를 바탕으로 공급자 플랫폼의 기능을 하는 페이스북 익스체인지(Facebook Exchange)를 운영하고 있다. 그러나 페이스북의 마케팅 파트너 업체들과의 프로그래매틱 광고 집행은 대부분 소비자의 로그인 정보를 바탕으로 이루어진다. 페이스북은 두 가지 유형의 프로그래매틱 광고를 연결해 집행하기 위해 자회사인 아트라스 광고 서버(ATLAS Ad Server)를 통해 광고주에게 소비자의 온라인 행동 데이터를 제공한다. 수요자 플랫폼과 페이스북 마케팅 파트너 업체들 간에 이루어지는 기업 합병도 광고 집행에서의 효율성을 높이기 위한 목적이 강하다. 이밖에도 데이터 기반의 타기팅 솔루션 업체, 모니터링 및 평가 업체, 트래킹 및 분석 업체 등이 주목할 만하다. 광고주나 매체사에서는 이러한 지원 업체들의 강점을 활용해 보다 최적화된 프로그래매틱 광고를 집행할 수 있다.

거북이가 토끼를 이길 수 있을까

　전통 미디어의 디지털화를 고려할 때 프로그래매틱 광고시장의 성장은 앞으로 더욱 가속화될 것으로 예상된다. 해외 여러 나라에서는 물론 우리나라에서도 프로그래매틱 광고비는 해마다 꾸준히 늘어났으며 앞으로도 계속 증가할 것이다. 온라인 미디어에서도 동영상 광고가 빠르게 증가하고 있다. 스마트 TV의 보급률도 급증하고 있기 때문에 프로그래매틱 TV도 머지않은 시기에 일상화될 것이다. 그렇게 되면 소셜 미디어 업체, VOD 플랫폼사, 스트리밍 서비스 업체, 스마트 TV 제조업체에서 프로그래매틱 광고 서비스를 다양한 방식으로 제공하리라는 것은 불 보듯 뻔한 일이다. 이는 곧 프로그래매틱 광고 시장을 놓고 기존의 지상파 방송사는 물론 케이블 방송사와 신생 업체들 간에 치열한 시장 쟁탈전이 벌어질 수 있음을 의미한다.

　디지털 융합 시대에 소비자 정보가 보다 풍부해진 상황에서 소비자 행동 자료를 바탕으로 개인별 맞춤형 광고를 구현했다는 점이 프로그래매틱 광고의 가장 큰 매력이다. 개개인에 적합한 맞춤형 광고가 도입됨으로써 광고 거래의 투명성까지 보장되었다. 이런 혜택은 신문 광고나 방송 광고를 해도 투입한 광고비 중 어디까지가 목표 소비자에게 광고 메시지를 도달하게 하는 데 쓰였는지 몰랐던 광고주의 갈증을 일거에 해소해 줄 복음의 메시지로 다가갈 수 있다.

그렇기에 광고주 입장에서는 저렴한 광고비로 원하는 소비자에게 도달하게 해 주는 프로그래매틱 광고 기술이 가뭄에 단비처럼 느껴질 수밖에 없다. 아니, 가뭄에 단비가 아닌 가뭄에 폭우 같은 존재일 수 있다. 지금은 검색 광고, 디스플레이 광고, 모바일 동영상 광고 위주로 광고 거래의 변화가 진행되고 있지만, 앞으로는 텔레비전, 라디오, 옥외, 신문 등 기존의 전통 미디어 영역으로까지 확산될 것이다(김병희, 2015; Knapp & Marouli, 2013). 디지털 채널은 물론 오프라인 매체에 이르기까지 프로그래매틱 광고 기술이 두루 적용될 수밖에 없다. 신문과 방송을 비롯한 언론계 전체에서 프로그래매틱 광고에 깊은 관심을 가져야 하는 까닭도 바로 이 때문이다.

전 세계적으로 광고 거래의 혁명이 진행되고 있는 이때, 신문과 방송을 비롯한 우리 언론사들은 네이버나 카카오 같은 국내 포털사와의 뉴스 제휴 문제만을 해결하려고 역량을 집중하기보다, 프로그래매틱 광고 문제를 거시적 안목에서 고려한 다음 생존전략을 전면 재검토해야 한다. 언론이라는 거북이는 프로그래매틱 광고라는 토끼와의 경주에서 승리할 수 있을까? 동화에서는 토끼가 낮잠을 잔 탓에 거북이가 경주에서 이겼다. 하지만 동화와 달리 현실에서는 프로그래매틱 광고라는 토끼가 낮잠은커녕 밤에도 잠을 자지 않는다. 언론이라는 거북이는

제1부 광고 날씨를 결정하는 디지털 기술

냉혹한 현실을 직시하고 미리미리 뾰족한 대처 방안을 마련해
야 할 것 같다.

✓ 핵심 체크

광고주 입장에서는 저렴한 광고비로 원하는 소비자에게 도달하게 해
주는 프로그래매틱 광고 기술이 가뭄에 단비처럼 느껴진다. 머지않은
시기에 이 기술이 두루 적용될 수밖에 없다. 언론계 전체에서 프로그래
매틱 광고에 깊은 관심을 가져야 하는 까닭도 바로 이 때문이다.

디지털 시대의
광고 마케팅
기상도

제**2**부
마케팅 태풍을
몰고 온
디지털 플랫폼

05
오투오(O2O)와
공유경제

    플랫폼 중심의 공유경제는 제4차 산업혁명 시대의 핵심 트렌드이다. 디지털 혁명이라는 제3차 산업혁명이 저물고 플랫폼의 혁신이 몰아치면서 이전의 지배적인 산업구조가 변화의 조짐을 보이고 있다. 우버나 에어비앤비 같은 소셜커머스 기업은 생산을 중시하던 전통적 인식을 무너뜨리고 '연결'의 중요성을 환기하고 있다. 세계에서 가장 큰 택시 회사라는 우버(Uber)는 보유한 택시가 한 대도 없고, 숙박 공유 서비스인 에어비앤비(Airbnb) 역시 소유한 방이 하나도 없으면서도 수요자 위주의 공유경제 패러다임을 주도하고 있다(김선호, 박아란, 2017).

    제4차 산업혁명 시대의 혁신 기업들은 플랫폼 비즈니스에 몰두하고 있다. 사람과 사람, 사람과 기업, 사람과 자원을 연결하는 O2O 서비스 플랫폼이 화두로 떠오른 것이다. O2O 서비스 플랫폼은 광고와 판촉 활동의 패러다임도 바꿔 버렸다. 정보의 유통비가 저렴한 온라인과 실제 소비가 일어나는 오프라인을 접목한 O2O 서비스 플랫폼이 생겨나면서 이들을 중심으로 한 새로운 광고와 판촉 활동이 등장하게 되었다. 이 장에서는 O2O 서비스 플랫폼의 등장 배경과 특성을 알아보고, 이들이 바꿔 놓은 시장의 변화를 살펴보려고 한다.

O2O가 바꾼 소비와 구매 패턴

모바일 미디어가 보편화되자 PC 기반의 온라인 쇼핑 위주의 전자상거래 시장이 모바일 상거래 시장으로 확장되고 국경도 사라졌다. 누구나 안방에서 세계 곳곳의 매장에 접속해 상품을 구매하는 시대가 되었다. 쇼핑 채널이 다양해지고 새로운 구매 형태가 등장함에 따라 언제 어디서나 접속이 가능한 O2O 서비스 플랫폼이 새로운 상거래 모델로 등장한 것이다. O2O는 '온라인에서 오프라인으로(Online-to-Offline)' 혹은 '오프라인에서 온라인으로(Offline-to-Online)'의 축약어이다. 2010년 8월, 미국의 제휴 마케팅 기업 트라이얼페이(TrialPay)의 창립자인 알렉스 람펠(Alex Rampell)이 IT 전문지 『테크크런치』의 기고문에서 O2O라는 용어를 처음 사용했다(TechCrunch, 2010).

제2부 마케팅 태풍을 몰고 온 디지털 플랫폼

만날 필요가 없을 것 같던 온라인과 오프라인 영역이 이 용어가 등장하면서부터 급속히 가까워졌다. 이어령 교수가 디지털과 아날로그의 만남을 강조하며 '디지로그'라는 신조어를 제시한 것과 같은 맥락이다. 언론에 O2O 서비스가 어떻게 보도되었는지 내용분석을 시도한 연구에서는 O2O 서비스 보도의 뉴스 가치가 유용성, 흥미성, 영향성, 저명성으로 나타났다. 종합일간지에서는 O2O 서비스의 뉴스 가치를 복합적으로 보도했지만, 경제지나 IT 전문지에서는 종합적 시각을 제공하지 못했다. 연구 결과를 바탕으로 연구자들은 장기적인 안목에서 O2O 서비스에 대해 보다 심층적으로 보도해야 한다고 강조했다(유수정, 이석호, 김균수, 2016).

온라인과 오프라인 서비스를 서로 연결해 소비자의 구매 활동을 도와주는 새로운 서비스 플랫폼을 O2O라고 한다. O2O 서비스가 등장하기 전에도 온라인에서 상품을 탐색하고 오프라인 매장에서 구매하라는 마케팅 활동은 있었다. 그렇지만 스마트폰이 보편화되어 언제 어디에서나 구매할 수 있는 스마트 쇼핑이 가능해지면서 O2O 서비스 플랫폼이 발전하는 결정적 계기로 작용했다. 소비자의 구매는 대개 다음과 같은 세 가지 행태로 나타난다.

첫째, 쇼루밍(showrooming) 구매다. 오프라인 매장에서 상품 정보를 탐색하고 실제로는 컴퓨터나 스마트폰을 이용해 가격이 저렴한 온라인 사이트에서 구매하는 경우다. 쇼루밍은 매장의 진열대인 쇼룸(showroom)에 진행형(ing)이 결합된 신조어로 백화점 같은 오프라인 매장이 마치 온라인 쇼핑몰의 진열대처럼 변했다는 의미를 지닌다(오프라인 매장 → 온라인 사이트).

둘째, 웹루밍(webrooming) 구매다. 온라인에서 상품 정보와 가격을 비교한 다음 오프라인 매장에서 써 보고 만져 보고 나서 구매하는 경우로, 역쇼루밍(reverse-showrooming)이라고도 한다. 블로거의 구매 후기나 댓글을 보고 나서 매장에서 실물을 경험해 보고 가격 차이가 크지 않으면 현장에서 구매하는 경우다(온라인 검색 → 오프라인 매장).

셋째, 모루밍(morooming) 구매로, 모바일을 이용해 상품이나 서비스를 이용하는 경우인데 앱루밍(approoming)이라고도 한다. 예컨대, 미리 다운받은 앱에 현재의 위치를 등록했더니 주변 정보가 저절로 확인되고 현장에서 모바일 할인쿠폰을 다운받아 원하는 장소로 이동해 자신이 바라는 상품이나 서비스를 구매하는 경우도 모루밍에 해당한다(모바일 앱 → 결제 후 오프라인 매장 이동).

쇼루밍족, 웹루밍족 및 모루밍족은 우리 시대에 보편화된 소비자의 모습이다. 이 밖에도 소비자의 구매 행태는 더욱 복잡해지고 다양한 양상으로 변하고 있다. 상황에 따라 세 가지를 혼용하는 크로스오버(cross-over) 쇼핑도 자주 이루어진다. 국내 시장에 더 이상 만족하지 못해 해외 쇼핑 채널에 접속해 클릭 한 번으로 구매하는 해외 직구를 선호하는 소비자도 많다.

　　　　　　　제2부 마케팅 태풍을 몰고 온 디지털 플랫폼

쇼루밍

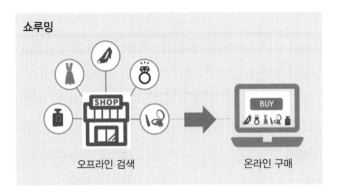

오프라인 검색   온라인 구매

웹루밍

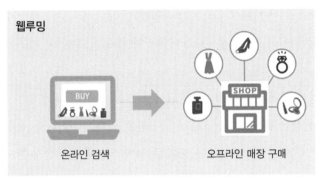

온라인 검색   오프라인 매장 구매

모루밍

모바일 앱 검색   모바일 앱 결제

[그림 5-1] 쇼루밍, 웹루밍, 모루밍의 개념

기업형 O2O 서비스 플랫폼의 가치는 어마어마하다. 스마트폰 앱으로 승객과 차량을 연결하는 우버는 70여 개 국가의 350개 이상의 도시에서 영업 활동을 펼치며 글로벌 기업으로 부상했다. 에어비앤비도 200여 개 국가의 3만 5,000여 개 도시에 진출해 있다. 현재 O2O 서비스는 외식 배달, 여행, 부동산, 티켓 예약, 자동차 임대, 전자쿠폰 같은 여러 분야에서 응용되고 있다. 중국의 O2O 시장은 BAT로 불리는 바이두(Baidu), 알리바바(Alibaba), 텐센트(Tencent)가 이끌고 있다.

국내에서도 다양한 O2O 서비스가 주목받고 있다. 카카오나 네이버 같은 포털사의 서비스나 '배달의민족' 같은 1세대 스타트업이 주목을 받았다. 2017년 321조 원이었던 국내 O2O 서비스 시장은 갈수록 그 규모가 급증하고 있다. 고정 이용자를 확보한 O2O 서비스는 관련 분야로 서비스를 확장하면서 광고와 수수료 이외의 새로운 수익을 창출할 플랫폼으로 진화했고 마케팅 경쟁도 본격화되었다. O2O 서비스 플랫폼에서 활발히 성장하고 있는 분야는 다음과 같다.

첫째, 배달음식 분야다. 배달음식은 국내 O2O 서비스를 대표하며, '배달의민족', '배달통', '요기요' 등에서는 식당과 소비자를 이어 준다. 둘째, 택시호출 분야다. '우버', '카카오택시', '리모택시' 앱은 스마트폰으로 택시와 승객을 연결한다. 셋째, 부동산 분야다. '직방', '다방', '방콜' 등에서는 임차인이 스마트폰으로 전·월세 부동산 매물을 알 수 있게 해 준다. 넷째, 카페 분야로, 사용자가 카페에 가기 전에 스마트폰으로 음료를 미리 주문하는 앱이다. 스타벅스 코리아의 '사이렌오더', SK플래닛의 '시럽오더', 카카오의 '카카오오더'가 대표적이다. 다섯째, 병원 분야로, '굿닥' 앱은 사용자의 위치 정보를 활용해 주변에 문을 연 병원이나 약국을 찾아주며, 병원에 가지 않고도 의사와 일대 일 상담을 할 수 있다. 여섯째, 세탁소 분야로, 사용자는 '세탁 특공대', '크린바스켓', '청춘세탁소' 앱을 이용해 원하는 시간에 세탁물을 맡기고 배달받을 수 있다([그림 5-2] 참조).

[그림 5-2] O2O 서비스의 분야

기업과 판매자 및 소비자 **모두가 원원**

    모바일을 기반으로 등장한 O2O 산업은 사물인터넷 기술이 발전하면서 성장의 도약대를 마련했다. 기존의 근거리무선통신(Near Field Communication: NFC), 저전력 블루투스(Bluetooth Low Energy: BLE), 위치기반서비스(Location-Based Service: LBS) 기술은 오프라인과 온라인 영역을 연결하며 O2O 서비스로 통합되었다. 2014년 5월 29일 스타벅스가 우리나라에서 세계 최초로 도입한 '사이렌오더(Siren Order)' 서비스는 O2O 서비스의

[그림 5-3] 스타벅스의 O2O 마케팅 '사이렌오더'의 예

제2부 마케팅 태풍을 몰고 온 디지털 플랫폼

성공 사례라는 평가를 받았다. 사이렌오더는 고객 근처에 있는
매장의 위치 정보를 제공해 고객이 매장에 도착하기 전에 주
문과 결제를 마치고 매장에 도착 즉시 커피를 받는 서비스다.
2015년에 나온 아마존의 '대시버튼(Dash Button)'을 이용해서도
아마존에서 생활용품을 바로 주문할 수 있다. 손가락만한 버튼
형 기기가 와이파이에 연결되어 버튼을 누르면 모바일 앱을 통
해 즉시 구매가 이루어진다. 이와 같은 O2O 서비스 플랫폼의
보편적인 특성은 다음과 같다.

[그림 5-4] 아마존 고의 O2O 마케팅 '대시버튼'의 예

첫째, 오프라인 판매자와 소비자 집단을 연결하는 양면시장 (two-sided market)의 특성을 지닌다는 점이다. 양면시장이란 서로 다른 둘 이상의 집단이 플랫폼을 매개로 상호작용해서 새로운 가치를 창출하는 시장이다. 오프라인에서의 서비스 제공 사업자와 온라인에서 정보 제공, 주문, 예약, 결제하는 사업자가 다를 수 있는데, 이때 O2O 플랫폼은 중개자 역할을 수행하며 이용자 집단을 연결해 준다.

둘째, 소비 욕구를 곧바로 충족할 수 있게 되어 소비자 혜택이 크게 증가했다는 사실이다. O2O 서비스가 실용화되면서 소비 욕구의 발생 시점과 해소 시점 사이의 격차가 획기적으로 단축되었다. 소비자가 원하는 것을 스마트폰의 위치 정보 앱을 이용해 곧바로 예약할 수 있어 소비자 혜택도 늘어난다. 소비자는 모바일 기기를 활용해 소비 욕구를 곧바로 충족할 수 있게 되었다.

셋째, 기업에서 상품과 브랜드의 판촉 활동에 있어 시너지 효과를 기대할 수 있다. O2O 서비스는 정보의 유통비가 저렴한 온라인과 실제 소비가 일어나는 오프라인을 접목한 플랫폼이기 때문이다. 기업 입장에서는 온라인 기업과 오프라인 기업의 제조, 서비스, 유통, 마케팅의 장점을 결합해 수익을 극대화할 수 있기 때문에 디지털 융합 시대에 적합한 경영전략을 전개할 수 있다.

넷째, 오프라인 판매자 입장에서도 O2O 서비스는 이윤 창출의 기회를 얻을 수 있다는 사실이다. O2O 플랫폼을 활용하면 오프라인 판매자의 상품과 브랜드를 알리거나 유통하는 데 필요한 비용이 획기적으로 줄어들 가능성이 높다. 오프라인 판매자는 소비자의 성향과 취향을 반영해 일상의 가치 제고에 필요한 정보를 연결함으로써 각각의 소비자에게 최적화된 쇼핑 기회를 제공할 수 있다.

O2O 활용방안 **연구해야**

국내 O2O 서비스 플랫폼의 진화와 성장에도 불구하고 언론에서는 O2O 서비스에 거품이 껴 있다며 회의론을 제기하기도 했다. '배달의민족'과 '야놀자' 같은 잘나가는 O2O 서비스사의 2015년도 저조한 실적이 발표되자 회의론이 극에 달했다. 그러나 세계 시장에서는 O2O 서비스에 대한 투자가 지속되고 있다. 2012년에 창업한 중국 '바이트댄스(ByteDance)'의 최근 기업 가치는 미국의 우버를 능가한 750억 달러(약 84조 2,500억 원)로 평가받았다. 무명의 창업자였던 장이밍(張一鳴)은 세계 최대의 스타트업을 키워 냈다는 평판을 얻었다(강동철, 2018).

이전과 달리 O2O 서비스 플랫폼의 거래 방식에 대한 소비자의 문제 제기도 계속되고 있다. 3,000명을 대상으로 한 조사 결과에 의하면, O2O 서비스 제공자의 서비스 지연과 수준 미달이 가장 심각한 문제로 나타났다(정영훈, 이금노, 2016). 따라서 O2O 서비스에서 소비자 보호의 책임을 확대하고 피해 보상 체계도 구축해야 한다. 시장의 크기가 충분한 가능성이 있는지, 오프라인에서 소비자의 불편함이 가중되어 O2O 서비스에 대한 소비자의 기대가 충분한지, 유통구조 단계를 줄일 수 있는지, 각종 규제로부터 자유로운지, 여러 가지 상황 여부에 따라 투자 유치의 가능성도 달라지고 O2O 서비스의 미래상도 결정될 것이다.

그러나 이 같은 회의론에도 O2O 서비스 플랫폼은 앞으로 광고와 마케팅 분야에서 주목받는 영역이 될 수밖에 없다. O2O 서비스를 넘어 O4O(Online-for-Offline) 서비스라는 용어도 등장했는데, 온라인 기반의 기업에서 오프라인 영역에 직접 서비스를 제공하는 현상이다. 서비스 중개만으로 성장의 한계를 느낀 O2O 업체들은 혁신 기술을 바탕으로 오프라인 영역으로 진출하고 있다. 예컨대, 아마존의 '아마존 고(Amazon Go)'가 대표적이다. 매장에서 산 물건은 아마존닷컴 계정으로 자동 결제되고 영수증은 앱을 통해 전송된다. O2O 서비스는 온라인과 오프라인의 경계를 허물며 앞으로도 계속 시장의 변화를 주도하리라고 예상된다.

언론산업과 광고산업의 맥락에서 볼 때 O2O 서비스 플랫폼은 기존 광고비를 축소하는 데 결정적인 영향을 미치게 된다. 블록버스터형 광고 캠페인으로 주목받았던 '배달의민족'을 비

제2부 마케팅 태풍을 몰고 온 디지털 플랫폼

롯한 O2O 기업들이 초기에는 광고비를 많이 썼지만, 앞으로는 점점 광고비를 줄일 것이다. 신문과 방송에 광고를 한다 해도 '배달의민족', '요기요', '카카오택시', '굿닥', '세탁특공대' 같은 O2O 업체들은 자사의 서비스를 알리는 정도로만 광고할 것이다. 나머지 예산은 여타의 판촉활동이나 마케팅 비용으로 지출될 수밖에 없다. 따라서 언론사의 모바일 사이트와 O2O 서비스 플랫폼을 연결해서 수익을 창출하는 새로운 방안을 모색할 필요가 있다.

O2O 서비스를 활용한 광고 커뮤니케이션은 결코 단순하지 않다. 각각의 브랜드와 서비스 및 채널별로 오프라인과 온라인을 연계하는 플랫폼이나 사용되는 디지털 기술의 특성이 다르기 때문이다. 어떤 브랜드는 단순히 모바일 앱과 오프라인 매장의 연결 플랫폼만 있어도 가능하다. 다른 브랜드는 온라인, 오프라인 매장, SNS 페이지, 앱을 유기적으로 연결하는 종합 플랫폼이 필요할 수도 있다. 따라서 기본적으로 서비스 플랫폼의 특성과 생태계를 이해해야만 보다 효과적인 광고 마케팅 활동을 할 수 있다.

앞으로는 창업하는 O2O 서비스 플랫폼도 계속 증가할 것이다. 온라인에서 핵심 비즈니스를 구상해 오프라인 매장으로 확장하거나 그 반대의 경우를 시도하는 사례도 등장할 것이다. 교육, 의료, 법무, 언론 같은 전문 분야에 이르기까지 영역을 확장함으로써 O2O 서비스는 생활의 보편적인 서비스로 자리매

김할 것이다. O2O 서비스를 이용하는 소비자가 경험하는 구매와 소비 행동은 막힘없이(seamless) 이루어지고 있다. O2O 기업의 성공 요인은 오프라인에서의 불편함을 줄이고 편리한 생활의 가치를 전하며 이용자를 확보했다는 사실이다. 우리나라 언론산업과 광고산업 분야에서도 O2O 서비스 플랫폼을 활용해서 무엇을 할 것인지, 기존의 성공 요인을 참고해 어려운 현실을 타개할 전략을 모색해야 한다.

> ### ☑ 핵심 체크
>
> O2O 기업들이 초기에는 광고비를 많이 썼지만 앞으로는 점점 광고비를 줄이게 될 것이다. 나머지 예산은 여타의 판촉활동이나 마케팅 비용으로 지출될 수밖에 없다. 따라서 언론사 모바일 사이트와 O2O 플랫폼을 연결해서 수익을 창출하는 방안을 모색할 필요가 있다.

06
오티티(OTT)와
구용경제

전통적인 방송산업이 생존을 위한 투쟁을 계속하는 가운데, 유료방송 사업자들은 합종연횡을 거듭하며 무한 경쟁을 가속화하고 있다. 다양한 디바이스를 통해 언제 어디에서든 동영상을 볼 수 있는 미디어 환경이 구현되자 OTT 서비스는 바람을 넘어 태풍의 핵으로 떠올랐다. 그에 발맞춰 OTT 서비스를 통해 노출되는 광고도 주목받고 있다.

소셜 미디어(SNS)를 비롯한 대다수 플랫폼이 광고 수익에 의존해 성장의 발판을 마련한 것과는 달리 OTT 서비스는 '구용경제'[1]'를 바탕으로 성장해 왔다. 넷플릭스를 비롯한 OTT 업계는

---

1) 현재 구독경제(subscription economy)라는 용어가 자주 쓰이고 있지만 구독(購讀)은 읽는 영역에만 해당되며 모든 분야를 포괄하지 못한다. 읽을 '독(讀)' 대신에 자동차

그동안 무(無)광고 전략을 고수해 왔지만 경쟁이 갈수록 치열해지면서 변화의 조짐이 일어나고 있다. OTT 시장의 후발 주자들은 다양한 기법으로 광고를 도입하고 있다. OTT 서비스와 광고의 문제를 짚어 보기로 하자.

셋톱박스에서 벗어난 시청자

보통 '온라인 동영상 제공 서비스'로 번역되는 OTT(Over The Top)는 디지털 콘텐츠를 텔레비전이나 유사한 장치로 보내는 데 사용되는 모든 장치나 서비스를 말한다. OTT에서 톱(Top)은 미국에서 텔레비전을 시청할 때 필요한 셋톱박스(set-top box)를, 오버(Over)는 시청자가 셋톱박스에서 벗어나 자유로워진다는 것을 의미한다. 미국에서는 시청자가 선택한 채널의 종류와 수만큼 시청료를 지불하는 공급자 중심의 방송 산업 구조를 유지해 왔다. 그러나 전파나 케이블 없이 동영상을 보내는 스트리밍 서비스가 시작되자, 시청자는 셋톱박스가 없어도 다양한 동영상 콘텐츠를 저렴한 가격에 즐길 수 있게 되었다.

를 비롯한 모든 제품과 서비스를 사용할 수 있다는 점에서 쓸 '용(用)' 자로 바꿔 '구용(購用)'을 생각해 볼 수 있다. 가입자들은 읽는 '구독' 행위만 하지 않고 모든 것의 '구용' 활동을 하기 때문이다. 무엇이든 소유하지 않고 접속해서 쓰는 능력이나 권한을 뜻하는 사용권(usership)이 공유경제의 핵심 개념이라는 사실에 기대, '구용경제'라는 용어로 바꾸자고 제안한다.

제2부 마케팅 태풍을 몰고 온 디지털 플랫폼

셋톱박스를 넘어 다양한 장치에서 이용할 수 있는 인터넷 기반의 동영상 서비스 모두가 OTT의 영역이다. OTT 서비스에 필요한 장치에는 스트리밍 박스, 고선명 멀티미디어 인터페이스(HDMI) 스틱, 스마트 TV, 디지털 비디오 레코더(DVR), 인터넷 지원 스마트 블루레이(Blu-ray) 따위가 있다. 글로벌 OTT 사업자는 아마존, 애플, 넷플릭스, 구글, 디즈니, 페이스북이 대표적이다. 국내에서는 지상파 방송3사의 푹(POOQ)과 SK브로드밴드의 옥수수(Oksusu)가 결합된 웨이브(Wavve), KT의 시즌(Seezn), 네이버TV, 왓챠플레이(WatchaPlay) 등이 있으며, CJ E&M의 티빙(TVING)과 JTBC도 공동으로 통합 플랫폼을 선보였다.

초기에는 OTT 서비스의 유형을 요금과 서비스 형태에 따라 광고기반형, TV포털형, 가입형, PPV(Pay Per View)형으로 분류했다(김지윤, 2020). 최근에는 OTT 서비스를 제공하는 방식에 따라, OTT 서비스를 제공하는 사업자에 따라, 방송 통신을 비롯한 기존의 플랫폼 사업자가 온라인 동영상 플랫폼 분야로 영역을 확장하는지 여부에 따라 OTT 서비스의 유형을 세 가지로 분류한다. 〈표 6-1〉에서 OTT 서비스 유형의 상세한 내용을 확인할 수 있다(최세경, 2019). 수익 모델에 따라 구분하는 세 번째 유형에는 구독료(월 이용료) 수익을 추구하는 구독형(넷플릭스형)과 광고료 수익을 주구하는 광고형(유튜브형)이 있다. 특히 구독형 OTT 시장은 경쟁 양상이 날로 치열하게 전개되고

〈표 6-1〉OTT 서비스 유형의 분류

수익 모델			사업자	서비스 방식
유료 모델	거래 모델	임대/소장	독립형	부두	디바이스 기반
			확장형	아마존 비디오	앱 기반, VOD
				브이라이브 채널플러스	앱 기반, 실시간 채널
		후원	MCN형	아프리카TV(별풍선)	앱 기반, 실시간 채널, UGV
				유튜브(팬펀딩, 슈퍼챗)	앱 기반, VOD(실시간 가능)
	가입모델		독립형	넷플릭스	앱 기반, VOD
				왓챠플레이	앱 기반, VOD
			확장형	홀루	앱 기반, VOD, 실시간 TV(광고)
				CBS올액세스	앱 기반, VOD, 실시간 TV
				HBO나우	앱 기반, VOD, 실시간 TV
				슬링TV	앱 기반, 실시간 TV, VOD
				다이렉트TV나우	앱 기반, 실시간 TV, VOD
				아마존 파이어 TV	디바이스 기반, VOD
				아마존 비디오	앱 기반, VOD
				유튜브TV	앱 기반, 실시간 TV, VOD
				티빙	앱 기반, 실시간 TV, VOD
				옥수수	앱 기반, 실시간 TV, VOD
				올레모바일TV	앱 기반, 실시간 TV, VOD
			MCN형	유튜브 프리미엄(레드)	앱 기반, 실시간 TV, 광고 없음
광고 기반 무료 모델			독립형	로쿠	디바이스 기반, 실시간 TV, VOD
			확장형	네이버TV	앱 기반, VOD(실시간 가능), UGV
				브이라이브	앱 기반, 실시간 채널
				카카오TV	앱 기반, VOD(실시간 가능), UGV
				페이스북	앱 기반, VOD(실시간 가능)
			MCN형	유튜브	앱 기반, UGV(실시간 가능)
				아프리카TV	앱 기반, 실시간 채널, UGV

출처: 최세경(2019), p. 7.

있다. 넷플릭스가 2019년에 월 평균 국내 이용자 200만 명을 확보했던 상황에서, 2019년에 새로 출범했던 우리나라의 웨이브는 출시 첫 달에 월평균 이용자 200만 명을 넘긴 저력을 보여주기도 했다.

〈표 6-2〉 TV 광고와 OTT 광고의 우월성 상대 비교 (단위: %)

구분	TV 광고 매우 우월	TV 광고 우월	동등	OTT 광고 우월	OTT 광고 매우 우월
광고 가격	–	13.6	19.8	46.9	19.8
광고 효율성	1.2	27.2	25.9	30.9	14.8
광고 주목도	6.2	39.5	23.5	25.9	4.9
광고 커버리지	13.6	38.3	24.7	22.2	1.2
특정 시청자 표적화	1.2	4.9	23.5	54.3	16.0
광고주의 요구에 맞는 광고 집행	1.2	16	28.4	40.7	13.6
집행 결과에 따른 정보 제공	2.5	18.5	40.7	28.4	9.9
집행 결과 모니터링 용이성	4.9	25.9	39.5	23.5	6.2

출처: 이선희(2018)

그렇다면 OTT 광고란 무엇일까? OTT 광고는 온라인 동영상 플랫폼에서 노출되는 광고다. OTT 광고는 텔레비전 광고와 유사한 측면도 많지만, 결정적인 차이는 OTT 플랫폼의 스트리밍 미디어를 통해 광고가 노출된다는 사실이다. 스마트 TV나 셋톱박스의 경우에는 텔레비전 광고와 같은 길이의 동영상 광고가 대부분이지만, OTT 플랫폼에서는 광고의 길이를 자유롭게 늘려 삽입할 수 있다. OTT 광고는 기존의 텔레비전 광고와는 달리 가구별 특성에 알맞게 맞춤형 메시지를 전달할 수 있고, 프로그래매틱 광고[2] 거래도 할 수 있다. 이 밖에도 인터넷을 연결할 수 있는 장치가 있다면 기존의 인터넷 광고와 모바일 광고 형식을 그대로 적용할 수 있다.

우리나라 광고주들은 앞으로 OTT 광고에 대한 수요가 계속 증가할 것이라고 예상했다. 한 설문조사에서 광고주들은 광고 주목도와 광고 커버리지 측면에서는 텔레비전 광고가 OTT 광고보다 우수하다고 응답했다. 반면에 광고 가격, 광고 효율성, 특정 시청자 표적화, 광고주의 요구에 맞는 광고 집행, 집행 결과에 따른 정보 제공 측면에서는 OTT 광고가 텔레비전 광고보다 우수하다고 인식했다(이선희, 2018). 이제 전통적인 방법으로 텔레비전을 시청하던 습관에서 벗어나 시간과 장소에 구애받지 않는 시청 패턴이 늘고 있다. 영상 콘텐츠의 소비 패턴이 변화함에 따라 OTT 서비스와 OTT 광고 시장도 자연스럽게 확장되고 있다.

---

2) 프로그래매틱 광고(programmatic advertising)는 이용자의 검색경로나 검색어 같은 데이터를 광고 기술 프로그램이 자동적으로 분석해 이용자가 필요로 하는 광고를 띄워 주는 광고 기법이다.

OTT 광고를 어떻게 노출하나

일반적으로 OTT 광고를 노출하려면 스트리밍 플랫폼과 OTT 장치 사이에 통신이 이루어져야 한다. OTT 장치와 통신하려면 두 가지 방식으로 신호를 보내게 된다. 먼저, 동영상 광고 게시 템플릿(Video Ad Serving Template: VAST)의 신호 방식은 미국 양방향광고협회(IAB)가 공인한 디지털 동영상 광고의 표준 규격이다. 다음으로, 동영상 플레이어 광고 인터페이스 정의(Video Player-Ad Interface Definition: VPAID)의 신호 방식은 동영상 광고 게시 템플릿(VAST)을 개선한 것으로 대화형 광고이다. 이 방식은 광고를 조회하고 측정할 수 있고 상호작용도 가능하기 때문에 광고주가 선호한다. 그러나 이 방식으로는 영상 콘텐츠와 광고를 합쳐서 송출하기는 어렵다.

OTT 광고는 다음의 과정을 거쳐 수용자(소비자)에게 노출된다(Zawadziński & Wlosik, 2018). OTT 플랫폼의 자료에 따라 수용자가 정해지면 각종 시청 자료가 집적된다. 곧이어 다양한 OTT 플랫폼에서 특정 콘텐츠의 구독자 목록과 수용자의 취향을 일치시킨다. 그 후 OTT 장치에서 VAST 방식이나 VPAID 방식으로 통신하며 광고를 밀어내면 플랫폼에 광고가 표시된다. 마지막으로 OTT 운영자는 광고주에게 제시할 광고 노출 결과를 플랫폼에서 얻을 수 있다. OTT 광고는 보통 OTT 콘텐츠에 삽입되어 노출된다. 삽입 방법은 콘텐츠 스트림의 내부에 광고가 포함되는지 아니면 그렇지 않은지에 따라 구분된다. 광고를 끼워 넣는 방법에는 광고주 측 광고 삽입(CSAI)과 서버 측 광고 삽입(SSAI)이라는 두 가지가 있다(THEO, 2017).

먼저, 광고주 측 광고 삽입(Client-Side Ad Insertion: CSAI) 방법은 광고가 화면에 표시되기 전에 비디오 플레이어에 광고를 탑재하면 비디오 플레이어가 광고를 가져와 이용자에게 노출하는 전통적 기법이다. 이 방법은 다음 순서에 따라 진행된다. 광고를 노출하려면 동영상 플레이어는 웹브라우저를 실행해 서버에 광고를 표시하도록 요청한다. 광고 서버에서는 조회 과정을 거쳐 적합한 동영상 광고 템플릿으로 응답한다. 이어서 동영상 플레이어는 동영상 광고 템플릿을 처리해 기본 영상 스트림에서 광고 스트림으로 전환한다. 마지막으로 광고 스트림이 끝나면 동영상 플레이어가 기본 동영상 스트림으로 다시 전환된다.

이 방법은 현재 OTT 서비스에서 자주 쓰이며 가장 인기 있는 광고 삽입 기술로 인정받고 있지만, 시청자에게 광고를 효과적으로 제시하는 기술로까지 발전하지는 못했다. 그에 따라 수용자는 재생 버퍼링의 한계, 정지, 차단, 해상도의 변경 같은 문제점을 경험할 수도 있다. 콘텐츠 사이에 광고가 삽입되지만, 광고 차단 프로그램의 영향을 받기 때문에 이용자를 불편하게 한다. 나아가 광고 삽입 방법의 개발자는 광고주 측의 장

제2부 마케팅 태풍을 몰고 온 디지털 플랫폼

영상 스트림(Videostream)

광고 스트림(Ad Stream)

광고 차단 프로그램
(Ad Blockers)

AD

스피너
(Spinners)

[그림 6-1] 광고주 측 광고 삽입(CSAI) 방법

영상 스트림+광고 스트림
(Videostream+Ad Stream)

[그림 6-2] 서버 측 광고 삽입(SSAI) 방법

치에 다양한 소프트웨어 키트를 사용해야 할 수도 있다.

다음으로, 서버 측 광고 삽입(Server-Side Ad Insertion: SSAI) 방법은 콘텐츠를 전송하는 과정에서 광고가 자연스럽게 노출된다. 콘텐츠 관리 시스템이 동영상 콘텐츠와 광고를 완벽한 스트림으로 동시에 제공하므로 광고 차단 프로그램이 콘텐츠와 광고를 구분하지 못한다. 이 방법은 다음 순서에 따라 진행된다. 광고가 노출되려고 할 때 스트리밍 서버에서 광고 서버에 어떤 광고를 재생할 것인지 요청한다. 광고 서버에서는 조회 과정을 거쳐 적합한 동영상 광고 템플릿으로 응답한다. 이어서 스트리밍 서버는 그 광고 템플릿을 처리해 콘텐츠 스트림에 광고를 연결한다. 마지막으로 광고와 콘텐츠가 연속된 하나의 스트림으로 이용자에게 노출된다.

광고와 콘텐츠를 혼합해 프레임 단위로 제공하는 이 방법은 동영상 콘텐츠와 광고 사이에 일시 중지 현상이 없기 때문에 이용자가 원활하게 시청할 수 있다. 광고 조회 수를 측정할 필요가 있을 때는 VPAID 태그 지원을 통해 측정 기능을 추가하면 된다. 광고 차단 프로그램이 광고가 아닌 프레임과 그렇지 않은 프레임을 구별하지 않기 때문에 이 방법은 기만 광고 문제에도 효율적으로 대응할 수 있다. 서버 측 광고 삽입 방식의 일관성과 신뢰성이 향상된다면 OTT 광고의 전반적인 품질과 수용자의 선호도도 높일 수 있다.

나아가 영상 콘텐츠와 광고를 완전히 분리하는 실시간 광고 대체 방식인 '광고 바느질(ad stitching)' 기술도 중요해졌다. 다시 말해서, 광고를 없은 채로 콘텐츠를 생산하던 기존의 방식을 넘어 서버에서 실시간으로 오디오 콘텐츠와 수용자 맞춤형 광고를 합쳐서 송출하는 기술이다. 이렇게 하면 광고를 우회하는 광고 차단 프로그램을 회피할 수 있어 콘텐츠 공급사의 수익도 늘어나게 된다.

OTT 광고의 장단점

소비자가 OTT 콘텐츠를 보다가 창을 닫고 광고를 건너뛰기란 쉽지 않다. 그리고 다른 브라우저의 탭으로 이동하거나 광고 차단 프로그램을 설치해 광고를 모두 제거하기도 어렵다.

그 밖에도 OTT 광고는 기존의 온라인 디스플레이 광고에 비해 많은 강점을 지니고 있다. 광고주는 OTT 광고에 상당한 기대를 걸고 있다. OTT 광고에서 다음과 같은 장점을 기대할 수 있기 때문이다(Admin, 2019).

첫째, 잠재 고객에 대한 정확한 타기팅이 가능하므로 광고주는 OTT 서비스에서 더 구체적인 소비자 정보를 얻을 수 있다. 광고주는 세분화된 소비자 정보를 바탕으로 핵심 타깃에게 광고 메시지를 집중할 수 있다. 둘째, 광고 삽입을 유연하게 할 수 있다. 광고 효과가 미심쩍을 경우에는 손실을 최소화하기 위해 새로운 광고 소재로 쉽게 교체할 수 있다. 셋째, 사용자에게 광범위하게 도달할 수 있다. OTT 콘텐츠의 이용자가 급증하는 상황에서 세분 시장은 물론 전체 시장에도 폭넓게 광고를 노출할 수 있다. 넷째, 정확한 데이터 분석 결과를 활용할 수 있다. OTT 서비스의 이용 정보를 활용하면 광고 전략을 더 구체적으로 전개할 수 있다. 다섯째, 여러 장치에서 스트리밍이 가능해 광고 노출을 증가시킨다. 텔레비전 광고는 거실을 넘어서지 못했지만, OTT 광고는 스마트폰을 비롯한 여러 기기에 노출된다. 여섯째, 창의적인 광고 영상을 저렴한 비용으로 제작할 수 있다. 일부 동영상 플랫폼 계정에서 광고주는 동영상 광고를 손쉽게 만들 수 있다.

그렇지만 OTT 광고에 아쉬운 부분도 있다. OTT 광고의 주요 단점은 다음과 같다.

첫째, 인터넷 브라우저의 기능이 부족하다. 웹브라우저를 실행하면 쿠키를 통해 모든 검색 기록을 수집하지만 아쉽게도 OTT 서비스에는 브라우저와 함께 제공되는 기능이 없다. 따라서 이런 문제로 인해 OTT 광고는 검색 기록을 수집하는데 한계가 있다. 둘째, 광고를 규제할 방법이 거의 없다. 미국 양방향광고협회(IAB)에서는 모바일 광고에 대한 지침은 발표했지만, OTT 광고에 대한 지침은 아직 발표하지 않았다. OTT 서비스는 새롭기 때문에 현재 광고 규제 방안이 거의 없다는 사실은 광고의 품질을 검사할 방법이 없다는 뜻이다. 어떤 광고가 나쁜 선례를 남기면 도매금으로 광고 신뢰도가 추락할 수 있다. 셋째, 광고 효과 측정 방법에 논란이 많다. OTT 서비스는 데이터 분석 결과를 제공하지만, 데이터 측정을 보류하기도 한다. 스트리밍 서비스에 대한 규제가 거의 없기 때문에 어떤 방법으로 측정하느냐에 따라 결과가 달라진다. 필요에 따라 트래픽이 많은 것처럼 속일 수 있으므로 OTT 사업자의 윤리 의식이 중요하다. 넷째, 인벤토리[3]가 한정적이다. 현재 광고가 없는 경우(Netflix)도 있고 존재하는 경우(HBO)도 있지만, 대개는 인벤토리가 한정적이라 광고 캠페인을 전개할 때 약점이 되기도 한다.

---

3) 인벤토리(inventory)는 광고 상품 판매 단위의 하나로 일정 시간 내에 판매할 수 있는 광고의 총 분량 중에서 이미 판매된 물량을 제외하고 남은 실제로 판매가 가능한 수치를 의미한다.

제2부 마케팅 태풍을 몰고 온 디지털 플랫폼

[그림 6-3] 웨이브(Wavve) 서비스를 알리는 광고(2019)

OTT 광고의 과제와 전망

앞으로도 OTT 광고는 텔레비전 광고보다 시장 확장의 가능성이 크지만 여전히 극복해야 할 기술적 과제가 있다. 현재의 OTT 광고는 표준 지침이 부족하고, 광고를 해도 타사의 광고 노출 횟수와 효과 측정 결과를 얻을 수 없다. 측정을 시도하더라도 대부분의 OTT 장치가 닫혀 있기 때문에 다른 플랫폼의 광고가 호환되지 않아 측정의 불일치가 발생할 수 있다. 그리고 대부분의 OTT 장치에는 웹브라우저보다 특별한 기능이 없어 쿠키나 플래시가 지원되지 않기 때문에 광고주 입장에서는 이용사의 속성 전환을 손쉽게 파악하기도 어렵다.

동영상 플레이어 광고 인터페이스 정의(VPAID)의 신호 방식은 대화형 광고 경험을 위해 도입되었지만, 여전히 광고 서버와 장치 간의 통신은 동영상 광고 게시 템플릿(VAST)의 신호에 의존하기 때문에 한계점이 많다. 그렇지만 앞으로 OTT 광고 영역은 기회가 강물처럼 넘치게 될 것이다. 앞에서 언급한 한계점을 보완한다면 실시간으로 파악할 수 있는 이용자 정보를 바탕으로 소비자 곁으로 더 가까이 다가가는 광고 캠페인을 전개할 수 있다.

대부분의 스트리밍 서비스는 유료 구독자 정보를 확보하기 때문에 광고주는 잠재 고객의 성향도 더 정확히 파악할 수 있다. 여전히 한계가 있기는 하지만 OTT 산업이 발전하면 할수록 광고주는 새로운 충성 고객을 확보할 수 있는 더 많은 기회를 얻을 수 있다. 단언컨대, OTT 광고는 앞으로 지금 어려움에 부닥쳐 있는 우리나라 방송 산업에도 새로운 출구를 제공할 것이다.

✔ 핵심 체크

OTT 광고는 온라인 동영상 플랫폼에서 노출되는 광고다. OTT 광고는 텔레비전 광고와 유사한 측면도 많지만, 결정적인 차이는 OTT 플랫폼의 스트리밍 미디어를 통해 광고가 노출된다는 사실이다. OTT 플랫폼에서는 광고의 길이를 자유롭게 늘려 삽입할 수 있다.

07
옴니채널 마케팅의
세계

모바일 쇼핑 채널이 늘어나면서 소비자의 쇼핑 행태가 급변하고 있다. 광고와 마케팅 전략도 당연히 크게 수정되고 있다. 소비자는 물건 하나를 사더라도 여러 개의 모바일 쇼핑 채널을 동시에 이용한다. 오프라인 매장에서 물건을 사기 위해 스마트폰으로 검색하는 경우도 있지만, 제품을 구경하면서 현장에서 모바일로 결제하기도 한다. 유통기업들은 이러한 소비자의 쇼핑 욕구에 부응하고자 소비자가 여러 채널을 동시에 이용해도 문제가 없도록 여러 개의 유통채널을 유기적으로 통합하는 옴니채널(Omni-Channel)을 도입한 지 오래다.

롯데쇼핑의 "옴니로 산다!"라는 광고 카피처럼 소비자는 온·오프라인 유통채널을 넘나들며 쇼핑을 즐긴다. 유통기업들은 옴니채널 전략으로 소비자의 매장 방문을 유도하고, 온·오프라인 채널 사이의 경쟁을 줄여 매출 신장을 모색한다. 이전에도 기업들은 유통채널을 다수 보유했지만 이들을 각각 별개의 채널로 운영한 탓에 서비스의 흐름이 끊기는 경우가 많았다. 하지만 옴니채널을 도입한 후로 제품 구매를 위한 정보탐색, 구매, 배송, 구매 후 서비스에 이르기까지 여러 채널을 거쳐도 마치 하나의 유통채널을 이용하는 것 같은 쇼핑 체험이 가능해졌다.

옴니채널의 개념

옴니채널은 모든 것을 뜻하는 라틴어 '옴니(Omni)'와 미디어의 단말기나 상품의 유통경로를 나타내는 '채널(Channel)'을 조합해서 만든 신조어로, 온라인과 오프라인의 경계를 허무는 개념이다. 이 용어는 2011년 베인앤드컴퍼니의 대럴 릭비(Darrell K. Rigby)가 『하버드 비즈니스 리뷰』에서 처음 소개한 이후, 이전의 멀티채널이나 크로스채널을 대체하는 용어로 쓰이고 있다. 릭비는 디지털 소매에서 새 이름이 필요하다고 주장하면서 온라인 쇼핑의 풍부한 정보를 물리적 매장의 장점과 연결해 소비자에게 통합적 경험을 제공하는 것이 옴니채널이라고 정의했다.

릭비는 옴니채널 마케팅이 필요한 이유를 다음과 같은 네 가지 맥락에서 지적했다. 즉, 닷컴 마케팅에 거품이 계속되고 전자상거래가 과도하게 포장되면서 소매점이 붕괴 직전에 이르렀다. 디지털 소매업이 기존 매장의 매출과 측정 체계는 물론 판촉활동까지 위협하고 있다. 소매점의 재무 관리에서 잘못된 측정 기준에 해당하는 수익 확보에 치중하는 경향이 높아졌다.

[그림 7-1] 대럴 릭비의 논문 첫 페이지

출처: Harvard Business Review (2011)

기존의 소매점이 획기적인 혁신에 대한 경험이 부족하고 점진
적인 변화에 익숙한 탓에 혁신적인 방법을 채택하려 하지 않는
다는 사실이다(Rigby, 2011). 릭비는 이런 네 가지 현상을 타파
하려는 차원에서 옴니채널 마케팅이 출현할 수밖에 없었다고
주장한다.

옴니채널을 활용한 쇼핑 환경은 유통채널 각각의 특성을 결
합해 어떤 채널에서도 같은 매장을 이용하는 듯이 느끼도록 한
다. 소비자는 다양한 구매 경로를 넘나들며 상품을 검색하고
구매할 수 있다. 위키피디아(Wikipedia)는 옴니채널을 멀티채
널의 진화된 형태로 PC, 모바일, 오프라인 매장, TV, 직접 우편
(DM), 카탈로그 등 모든 쇼핑 채널을 통해 고객의 경험이 끊어
지지 않고 집중되는 것이라고 정의하고 있다(Wikipedia, 2020).

[그림 7-2] 롯데쇼핑 e커머스 사업본부 홈페이지

출처: http://omni.lotte.com/eventNew/viewOmniMain.lotte

옴니채널의 선구자인 윌리엄 소노마(William Sonoma)는 인터넷, 모바일, 카탈로그, 오프라인 매장 등 여러 채널을 유기적으로 결합해 소비자의 경험을 극대화하고 판매를 촉진하는 것이 옴니채널 전략의 핵심이라고 했다.

여러 가지의 정의를 종합하면, 이용할 수 있는 온·오프라인의 모든 쇼핑 채널을 소비자 중심으로 통합하고 유기적으로 연결해 일관된 커뮤니케이션 활동을 전개함으로써 소비자에게 하나의 쇼핑 흐름을 제공하고 판매를 촉진하는 것이 옴니채널이라고 말할 수 있다. 옴니채널은 소매업 분야에서 가장 중요한 핵심어 중 하나로 자리매김하게 되었다. 옴니채널이 이토록 큰 관심을 끌게 된 주요한 이유는 다음의 세 가지로 요약할 수 있다.

첫째, 옴니채널은 소비자의 크로스채널 쇼핑 행동과 공생관계를 유지하기 때문이다. 개성이 다양한 현대의 소비자는 어떤 채널이나 특정 기업에 맹목적인 충성을 보이지 않는다. 소비자는 구매 과정에서 모바일 쇼핑 공간과 오프라인 매장을 넘나들며 실로 다양한 쇼핑 행동을 보인다. 이처럼 복잡해진 시장에서 소매상은 소비자의 충성도를 확보하기 위해 고객의 쇼핑 경험을 집중시킬 필요성이 더욱 커졌다.

둘째, 옴니채널은 약화되고 있는 오프라인 판매의 구원투수 역할도 수행하기 때문이다. 소비자는 오프라인 매장에서 쇼핑하는 행동 자체를 즐기는 경우가 많다. 쇼핑하는 장면을 사진으로 찍어 소셜 미디어에 공유하며 실시간 피드백을 받기도 한다. 오프라인 매장은 디지털 판매를 위한 쇼룸이자 온라인 주문 배송센터가 되는데, 이런 과정을 거쳐 오프라인 매장이 자연스럽게 활성화된다.

셋째, 옴니채널이 브랜드 마케팅에 활력을 불어넣으며 새로운 대안으로 떠올랐기 때문이다. 소셜 미디어 공유를 적극 권장하는 가상거울(virtual mirror)이나 계산대에서 줄을 서지 않게 도와주는 스캔 앤 고(Scan and Go) 같은 미디어 기술을 체험하면서 소비자는 구매 접점에서 만족감을 느낀다. 이 과정에서 옴니채널은 채널 간의 통합을 매끄럽게 진행하며 브랜드 마케팅 활동에 결정적으로 기여했다.

옴니채널은 대략 다음과 같은 여덟 가지 유형의 디지털 기술을 적용해 구현되는 경향이 있다(김형택, 2015).

- 고객을 인지하는 인식 기술이다. 이를테면 바코드의 변신인 QR코드, 유통과 물류 환경을 개선하는 RFID(무선인식), 모바일 신용카드인 NFC(근거리무선통신), 검색을 손쉽게 하는 이미지 및 얼굴 인식 등이다.
- 고객을 안내하는 위치 기반 기술이다. 즉, 인터넷에 접속해 주는 Wi-Fi, 위치 정보를 제공하는 GPS, 고객과 소통하는 비콘, 위치 반경의 고객을 유인하는 지오펜싱 등이다.
- 고객을 파악하는 분석 기술이다. 즉, 옴니채널 기술인 빅

제2부 마케팅 태풍을 몰고 온 디지털 플랫폼

데이터 분석, 방문 고객의 행동 패턴을 분석하는 매장 트래킹 분석 등이다.
- 소비자와 소통하는 모바일 쇼핑 애플리케이션 기술이다.
- 소비자의 지갑 기능을 하는 결제 기술이다.
- 소비자의 현실에 가상을 입히는 디지털 체감 기술이다. 즉, 몰입 경험을 강화하는 증강현실, 동작과 표정을 인식하는 키넥트, 고객 맞춤형으로 생산하는 3D기술이다.
- 소비자의 태도를 바꾸는 디지털 사이니지다.
- 소비자에게 직접 배달하는 드론 기술이다.

채널별 특성과 옴니채널의 활용

옴니채널 이전에도 유통채널은 있었다. 유통업 분야에서는 싱글채널, 멀티채널, 크로스채널이 존재했다. 싱글채널(Single Channel)은 오프라인 매장이라는 하나의 창구로, 소비자가 직접 매장을 방문해 상품을 구경하고 구매하는 가장 단순한 유통채널이었다. 이후 온라인 유통이 활성화되면서 멀티채널(Multi-Channel)이 등장했다. 한 회사에서 온라인몰, 홈쇼핑, 모바일 쇼핑 창구를 여러 개 운영하지만 각 채널이 독립적인 경쟁관계라서 같은 상품도 매장마다 가격이 다르고 온·오프라인에서 판촉활동을 달리 전개하기도 했다. 크로스채널(Cross

Channel)은 멀티채널과 비슷해 보이지만 채널별 활동이 완벽하게 독립적이지는 않다는 점에서 차이가 있다. 어떤 제품의 판촉활동을 함께 전개하거나 필요에 따라 채널별로 연계 전략을 구사하기도 했다.

옴니채널은 이상의 세 가지 유통채널을 거쳐 진화한 소비자 지향적인 유통 형태로, 온·오프라인의 경계를 완전히 허물고 소비자에게 놀라운 쇼핑 경험을 제공한다. 멀티채널이 오프라인 매장, 온라인 쇼핑몰, 모바일 앱 같은 여러 채널별로 개별 매출을 높이는 데 집중했다면, 옴니채널은 독립 채널들을 연결

〈표 7-1〉 **유통 채널별 특성의 비교**

구분	싱글채널	멀티채널	크로스채널	옴니채널
중심	기업 위주	기업 위주	기업 위주	고객 위주
운영	독립적	독립적	일부 독립적	통합적
채널	소비자와 대면하는 단일 채널로 온라인에는 없고 오프라인에만 존재하는 점포	여러 채널로 분리해 독자 운영하고 채널 간 단순 연계로 채널별 경쟁 관계	채널별 활동이 완벽히 독립적이지 않고 필요에 따라 동일한 판촉 활동 전개	온·오프라인에서 다양한 채널 간에 보완적 관계를 유지하고 유기적으로 연계
전략	점포별 매출 신장과 수익 추구	채널 운영의 효율과 수익 강화	필요할 경우 채널별 연계 시도	소비자의 구체적인 경험을 극대화
모형				

제2부 마케팅 태풍을 몰고 온 디지털 플랫폼

하여 상호보완적인 관계를 지향한다. 따라서 소비자는 옴니채널 환경에서 시간과 장소에 구애받지 않고 여러 채널을 비교하면서 쇼핑의 즐거움을 누릴 수 있고, 기업은 일관된 메시지를 다양한 접점에 내보내며 소비자의 쇼핑 만족도를 높인다(〈표 7-1〉 참조).

옴니채널은 O2O 플랫폼과 비교해 봐도 상당한 차이가 있다. O2O 플랫폼이 기업 위주로 온·오프라인 채널의 확장에 목표를 둔다면, 옴니채널은 고객 위주로 모든 채널을 통합한다. 신규 사업이나 비즈니스 모델을 새로운 영역에서 찾는 것이 O2O 플랫폼의 핵심 전략이라면, 옴니채널에서는 기업이 보유한 채널을 통합하고 유기적으로 연결하는 채널 통합과 연계 전략에 치중한다.

적용 범위에서 O2O 플랫폼이 특정 분야가 아닌 전 사업 분야를 아우른다면, 옴니채널은 오프라인 매장이나 온라인 채널이 구축된 유통·금융 분야에서 활성화되고 있다. 이미 구축된 플랫폼에서 온·오프라인 사업을 확장하는 것이 O2O 플랫폼의 특징이라면, 옴니채널은 개별 채널을 통합해 소비자의 경험을 확장한다. O2O 플랫폼의 중심 기술이 고객 인식 기술과 결제 기술이라면, 옴니채널은 고객 인식 기술, 탐색 기술, 구매 기술, 고객 관리 기술이 핵심이다.

옴니채널은 각 채널을 유기적으로 연결해 시너지 효과를 모색한다. 오프라인 매장과 온라인 쇼핑몰에서 같은 가격에 동일한 판촉활동을 전개하기도 하고, 온라인 쇼핑몰에서 결제한 상품을 오프라인 매장에서 찾거나 오프라인 매장에서 결제한 상품을 집에서 배송받을 수도 있다. 기업은 소비자에게 강요하지 않고 소비자가 더욱 합리적인 소비를 하도록 돕는 창구만 제시하는 것이 옴니채널의 핵심 가치다. 따라서 옴니채널은 유통산업의 새로운 추세를 넘어 기업의 생존전략으로 떠올랐다. 옴니채널을 제대로 활용하려면 다음과 같은 네 가지에 집중해야 한다(강태호, 2015).

첫째, 방법론보다 경험에 집중해야 한다. 기존의 멀티채널 전략에서는 각 채널별로 개별적인 경험을 만들어 냈지만, 옴니채널 전략에서는 여러 경험을 하나로 집약시켜 더욱 강력한 소비자의 경험을 창출한다. 따라서 무엇보다 먼저 소비자에게 제공하고자 하는 경험을 설정하고 그에 적합한 다양한 채널을 유기적으로 결합시켜야 한다.

둘째, 끊기지 않는 연결(seamless connection)에 집중해야 한다. '끊기지 않는 연결'이란 모든 채널을 동원해 소비자와 끊임없이 접촉해야 한다는 사실과 모든 채널이 일관된 정보와 이야기로 끊임없이 이어져야 한다는 두 가지 의미를 지니고 있다. 두 가지 모두가 이루어져야 성공적인 옴니채널 경험을 구체적이고 생생하게 창출할 수 있다.

셋째, 모바일 활용에 집중해야 한다. 언제 어디서나 실시간으로 연결되는 모바일 미디어를 통해 정보를 얻을 수 있다. 근처에 무엇이 있는지 확인해서 바로 매장을 방문하고 온라인에서 쇼핑을 마무리할 수 있다. 이제 모바일 미디어를 얼마나 적극적이고 효과적으로 활용하느냐의 여부가 캠페인의 성패를 좌우하는 시대가 되었다.

넷째, 빅데이터 투자에 집중해야 한다. 온라인을 떠도는 비정형 데이터는 소비자 행동을 이해하는 중요한 자료다. 소비자가 어떤 경험을 원하고 어떤 분야에 관심이 있는지 속속들이 알아낼 수 있다. 즉, 비정형 데이터를 어떻게 관리하고 분석하느냐에 따라 옴니채널의 성패가 달라지므로 빅데이터 분야의 잠재력에 집중 투자해야 한다.

'끊기지 않는 연결'을 제공하는 옴니채널

국내외에서는 지금 이 순간에도 옴니채널 마케팅 전략을 각양각색으로 전개하며 소비자의 경험을 극대화하고 있다. 예를 들면, 오프라인 매장에서 바로 온라인으로 결제하여 소비자가 계산대 앞에서 줄 서는 불편함을 없앤 미국 월마트(Walmart)의 '스캔 앤 고(Scan and Go)'와 '타호(Tahoe)' 서비스, 고객이 연회비를 내면 주문 횟수에 상관없이 이틀 이내에 배송하는 아마존(Amazon.com)의 '프라임(Prime)' 서비스, 온라인에서 구매한 제품을 전국 1,400여 개 오프라인 매장에서 찾을 수 있는 베스트바이(BestBuy)의 '리뉴블루(Re-new Blue)' 등이 있다. 그리고 낮에 온라인으로 주문한 상품을 퇴근길에 백화점 오프라인 매장에서 수령하거나 집에서 배송받는 미국 메이시(Macy's) 백화점의 '숍비콘(Shop Beacon)' 서비스와 '숍킥(Shopkick)', 매장 곳곳에 설치한 스크린에서 원하는 상품을 검색하고 주문하는 영국 존루이스(John Lewis) 백화점의 '상호작용 스크린(Interactive Screen)', 마음에 드는 제품의 재고가 매장에 없어도 집으로 배송해 주는 패션 브랜드 갭(GAP)의 '매장 주문(Order in store)' 등이 대표적이다(구진경, 이상현, 이동희, 2015). 국내에서도 온라인으로 쇼핑한 뒤 매장에서 직접 입어 보고 제품을 찾아가는 롯데닷컴의 '스마트픽(Smart-pick)' 서비스를 비롯해 여러 기업이 옴니채널 마케팅 전략을 치열하게 펼치고 있다.

국내외 기업들의 옴니채널 트렌드는 세 가지로 요약할 수 있다. 즉, 소비자가 구매하는 채널의 통합, 개인에게 최적화된 서비스 제공, 구매 과정에서 비효율성의 최소화가 그것이다(이호택, 정난희, 2017). 정보통신 분야의 기술 혁신 또한 옴니채널 마케팅 활성화에 필요한 세 가지 추세를 뒷받침하고 있다. 이제 유통업체는 옴니채널 시스템을 제대로 갖추는 작업이 무엇보다 시급하다. 소비자는 다양한 채널을 넘나드는 쇼핑 그 자체를 즐기기보다 어떤 채널이든 상관없이 편리하고 즐거운 쇼핑을 기대하기 때문이다.

옴니채널 마케팅은 앞으로 구매 접점에서 소비자가 더욱 즐겁게 쇼핑을 경험하도록 하는 컨시어지(concierge) 서비스로 나아가야 한다. 더불어 빅데이터, 증강현실(AR), 근거리무선통신(NFC), 비콘을 활용한 위치기반서비스(LBS) 같은 디지털 기술을 적극 활용해야 한다. 소비자가 원하는 구매 경로를 안내하고, 매장에서 소비자의 대기시간을 관리하고, 현장의 문제에 즉각 대응함으로써 쇼핑의 편의성을 높이는 문제가 무엇보다 중요해졌기 때문이다.

옴니채널 시대에는 제품이나 브랜드에 따라 연계하는 플랫폼과 사용되는 디지털 기술의 특성이 달라진다. 어떤 브랜드는 단순한 연결 플랫폼만 필요하지만 어떤 브랜드는 온·오프라인을 유기적으로 연결하는 종합 플랫폼이 필요할 수도 있다. 따라서 제품이나 브랜드의 특성과 미디어 플랫폼의 특성을 이해하고 가장 효과적인 접점을 찾아내는 일이 앞으로의 광고와 마케팅 활동에서 중요해질 수밖에 없다. 특히 옴니채널을 이용하는 소비자가 더욱 구체적으로 쇼핑을 경험하고 브랜드 가치에 몰입할 수 있도록 적절한 방법과 기술을 활용하는 광고인들의 전문 지식과 혜안이 그 어느 때보다 중요하다.

옴니채널이 보편화된 유통환경에서 단일 채널 전략만 고수하는 기업들은 갈수록 어려움에 봉착할 것이다. 일부 지방자치단체에서 소상공인과 전통시장을 연계하거나 오프라인 매장과 중소 온라인 쇼핑몰 간의 협력을 권고하는 정책을 주진하는 것도 옴니채널을 도입하려는 시도나 다름없다. 그와 마찬가지로 기업에서는 소비자에게 제공하려는 경험의 깊이를 설정하고, 적절한 채널끼리 유기적으로 결합하는 마케팅 전략이 필요하다. 소비자가 바라는 경험이 무엇인지, 좋아하는 콘텐츠가 무엇인지, 어떤 분야에 관심을 가지는지 구체적으로 분석함으로써 '끊기지 않는 연결'을 계속 추구해야 한다. 그렇게 해야만 옴니채널 마케팅의 성공 스토리를 기대할 수 있을 것이다.

> ### ☑ 핵심 체크
>
> 옴니채널 마케팅은 앞으로 구매 접점에서 소비자가 더욱 즐겁게 쇼핑을 경험하도록 하는 컨시어지(concierge) 서비스로 나아가야 한다. 소비자가 원하는 구매 경로를 안내하고, 매장에서 소비자의 대기 시간을 관리하고, 현장의 문제에 즉각 대응함으로써 쇼핑의 편의성을 높이는 문제가 무엇보다 중요해졌기 때문이다.

08
다중채널
네트워크(MCN)

우리나라의 언론산업과 광고산업 현장에서 다중채널 네트워크(Multi-Channel Networks: MCNs)라는 말이 부쩍 자주 쓰이고 있다. MCN이라는 손님은 손에 봉지 하나를 들고 나타났는데 그 봉지 속에는 약이 들어 있을까, 독이 들어 있을까? 온라인 동영상 플랫폼 기업에서는 콘텐츠를 지속적으로 생산하고 품질을 관리하기 위해 수익 배분 정책을 실시했다. 이것이 MCN이 등장한 직접적인 배경이다.

다중채널 네트워크(MCN)는 다양한 형식의 광고를 도입하고 적용함으로써 동영상 콘텐츠의 시장 가능성을 높였다. 온라인 동영상 콘텐츠에 대한 소비자의 수요가 늘어나고 온라인 동영상 플랫폼 시장이 성장한 데는 MCN의 견인력이 상당한 영향을 미쳤다. 소비자 중심의 미디어 시장 환경을 구축하고 콘텐츠의 선순환 구조의 기반을 마련하는데 MCN 서비스가 결정적인 영향을 미쳤다는 뜻이다.

1인 창작자와 MCN의 시대

다중채널 네트워크 혹은 MCN이란 전통 미디어에서의 콘텐츠 제작과는 달리 디지털 시대를 살아가는 개인 창작자가 작가, 연기자, 프로듀서, 마케터 같은 여러 역할을 수행하는 상황에서 1인 창작자의 창작 과정을 지원하면서, 손수창작물(User Created Content: UCC)의 체계화와 상업화를 지향하는 서비스다(고문정, 윤석민, 2016). 다시 말해서, 유튜브, 페이스북, 트위치 같은 동영상 플랫폼과 제휴해 개인 창작자 채널의 콘텐츠 기획, 제작, 편성, 교육, 저작권 관리, 프로모션, 수익 창출, 관리를 지원해 주는 서비스 사업이 다중채널 네트워크라고 할 수 있다.

인터넷과 초고속 통신망 기술이 발달함에 따라 혼방(1인 방송)이 가능해졌고, 다중채널 네트워크의 시대도 저절로 앞당겨졌다. 유무선 네트워크 기술이 발달하자 대규모 인력이나 기술 시스템이 없어도 누구나 손수 만든 콘텐츠를 전파할 수 있게 되었다. 스마트폰에서 콘텐츠를 소비하는 시대가 되면서 언제

제2부 마케팅 태풍을 몰고 온 디지털 플랫폼

어디서나 볼 수 있는 콘텐츠에 대한 수요도 대폭 증가했다. 웹툰과 웹소설 및 웹드라마가 스마트폰에서 소비되면서 10분 이내의 영상이 인기를 끌었다. 이런 추세는 자투리 시간에 스마트폰으로 즐기는 짧은 동영상을 만드는 1인 창작자들과 그들을 관리하는 다중채널 네트워크사의 필요성을 증대시켰다(김병희, 2016; Gardner & Lehnert, 2016).

유튜브 같은 동영상 공유 사이트가 영향력 있는 플랫폼으로 성장하자, 콘텐츠 생산자와 이용자 사이에도 양면시장[1]이 형성되어 새로운 가치가 파생되었다. 개인이 취미로 만든 손수창작물(UCC)이나 손수생성물(User Generated Contents: UGC)이 유튜브에 유통되면서 누구든 창작과 소비를 동시에 하는 생비자(生費者, Producer+Consumer: Prosumer)의 자격을 얻을 수도 있게 되었다. 플랫폼 위주로 재편된 매체 환경의 변화는 일반인의 콘텐츠 제작과 공유를 활성화시키며 다중채널 네트워크 사업을 뒷받침하는 밑거름으로 작용했다(Yim, 2016).

유튜브가 1인 창작자에게 수익을 배분하기 시작한 2007년 5월을 기점으로 국제적인 다중채널 네트워크 사업자들이 등장했다. 예컨대, 머시니마(Machinima, 2007년 5월), 어썸니스TV(Awesomeness TV, 2008년 6월), 메이커스튜디오(Maker

---

1) 양면시장(two-sided market)이란 서로 다른 둘 이상의 집단이 플랫폼의 매개를 바탕으로 상호작용함으로써 새로운 가치를 창출하는 시장이다.

Studios, 2009년), 풀스크린(FullScreen, 2011년 1월), 트위치(Twitch, 2011년 6월) 등이 대표적이다. 우리나라에서도 2011년 5월에 유튜브가 수익을 배분하자 크리에이터그룹(Creator Group, 2012년 4월), 아프리카TV(afreeca TV, 2012년 4월), 콩두컴퍼니(Kongdoo Company, 2014년 3월), 비디오빌리지(Videovillage, 2014년 10월), 샌드박스네트워크(Sandboxnetwork, 2014년 11월), 트레져헌터(Treasure Hunter, 2015년 1월) 및 메이크어스(Make Us, 2015년 11월) 같은 사업자들이 속속 등장했다. 다중채널 네트워크사에는 1만 명에 이르는 창작자들이 소속되어 활동하고 있다. 예컨대, 대도서관(나동현), 씬님(박수혜), 도티(나희선), 양띵(양지영), 악어(진동민), 김이브(김소진), 잠뜰(박슬기), 태경(엄태경) 등이 인기 창작자로서 명성을 떨쳤다.

다중채널 네트워크 사업자는 물론 미디어에서도 MCN 서비스를 정착시키기 위해 신속히 움직였다. 처음에 우리나라의 MCN 생태계를 조성하는데 아프리카TV와 유튜브의 수익 모델

[그림 8-1] BJ 양띵과 대도서관의 아프리카TV 방송대상 수상 장면(2013)

제2부 마케팅 태풍을 몰고 온 디지털 플랫폼

이 결정적인 영향을 미쳤다. 방송 전에 노출되는 광고와 아이템을 판매하는 것이 아프리카TV의 수익 모델이었다. 아프리카TV에서는 2014년에 '파트너 BJ' 제도를 만들고 창작자에게 'BJ(Broadcasting Jockey)'라는 명칭을 부여했다. 콘텐츠 창작자들은 시청자들이 선물한 '별 풍선'을 현금으로 바꿀 수 있었다. 2004년 10월, 유튜브에 앞서 동영상 공유 사이트를 개설한 판도라TV는 손수창작물(UCC) 시장과 손수생성물(UGC) 시장을 선점했다. 이용자는 판도라TV의 '채널' 플랫폼에서 개인 방송국을 운영하며 손수 만든 동영상을 공유하고 확산했다.

다중채널 네트워크 사업자의 입장에서는 유튜브, 네이버, 카카오, SK브로드밴드 같은 채널이 늘어나는 현상을 환영했다. 콘텐츠 제작사인 CJ E&M에서도 다중채널 네트워크 시장에 뛰어들었다. 2013년 6월, CJ E&M은 '크리에이터 그룹(Creator Group)'이라는 다중채널 네트워크 서비스를 본격적으로 시작했다. 그 후 2015년 5월에는 다이아(Digital Influencer and Artist: DIA)TV를 설립했다. 네이버는 동영상 서비스 채널인 네이버 TV에 다중채널 네트워크 전문 채널을 비롯해 영화, 드라마, 패션, 애니메이션 같은 220여 개 이상의 채널을 운영했다. KT, SK텔레콤, LGU+ 같은 통신 사업자들도 모바일 동영상 콘텐츠를 확보하려고 여러 업체와 제휴를 맺고 다중채널 네트워크 시장에 뛰어들었다.

[그림 8-2] CJ E&M '크리에이터 그룹' 파트너 데이 행사(2014. 4. 19.)

　더욱이 지상파 방송사들도 다중채널 네트워크 서비스를 시
도했다. MBC의 〈마이 리틀 텔레비전〉(2015)은 창작자들이 손
수 만든 콘텐츠로 직접 생방송하는 MCN 형식을 도입한 대결
프로그램이었다. KBS는 2015년 5월에 '예띠 스튜디오'를 출범
시켜 크리에이터들을 교육시키고, 〈예띠 TV〉 프로그램을 만들
어 인터넷에서 화제를 모았던 창작 콘텐츠를 방송했다. SBS의
계열사에서도 아프리카TV와 협력해 슈퍼 모델이 진행하는
〈모델하우스〉(2015)를 방송했다. 지상파 방송에서 다중채널
네트워크 서비스에 실험적으로 참여한 데는 이유가 있었다.
즉, 미디어와 소비자 환경이 급변하는 상황에서 새로운 콘텐츠
에 목마른 젊은 세대를 대상으로 다양한 프로그램을 실험함으
로써 급변하는 환경에 선제적으로 대응하기 위해서였다.

　　　　　　　제2부　마케팅 태풍을 몰고 온 디지털 플랫폼

새롭고 강력한 광고 플랫폼

그렇다면 다중채널 네트워크는 광고산업과 어떠한 상관관계가 있을까? 유튜브에는 개인 창작자인 유튜버(YouTuber)가 올린 독특한 콘텐츠가 인기를 끌면서 광고 수입도 늘어났다(김경숙, 2017). 유튜브 광고는 크게 여섯 가지 유형으로 구분할 수 있다(YouTube 고객센터, 2020).

- 추천 동영상의 오른쪽과 동영상 추천 목록 상단에 게시되는 광고로 데스크톱 컴퓨터에서 구동되는 디스플레이 광고(Display ads)
- 동영상을 시청할 때 영상 하단의 20% 부분에 노출되는 가로형 배너 이미지가 반투명으로 등장하는 오버레이 광고(Overlay ads)
- 기본적인 콘텐츠 영상의 앞뒤나 중간에 삽입되는 인스트림 광고로 5초 후에 건너뛸 수 있는 동영상 광고(Skippable video ads)
- 기본적인 콘텐츠 영상의 앞뒤나 중간에 삽입되어 5초에서 30초까지 끝까지 봐야 콘텐츠를 시청할 수 있는 건너뛸 수 없는 동영상 광고(Non-skippable video ads)
- 최대 6초 길이의 건너뛸 수 없는 동영상 광고로 반드시

시청해야 기본적인 콘텐츠 영상을 볼 수 있는 범퍼 광고
(Bumper ads)

- 기본적인 콘텐츠 영상에 포함된 제품 등 동영상과 관련된
콘텐츠가 스폰서 카드에 표시됨으로써 광고 효과를 발휘
하는 스폰서 카드(Sponsored cards)

유튜브 이용자는 관심 있는 동영상을 선택할 수 있고 광고
주는 노출 횟수에 따라 광고비를 지불하지 않아도 되기 때문
에 양쪽이 트루뷰 광고를 선호하는 편이다. 건너뛸 수 있는 광
고와 범퍼 광고가 데스크톱, 휴대기기, TV, 게임 콘솔에서 연이
어 재생되게 설정할 수도 있다. 맞춤 설정이 자유롭고 도달 범
위가 넓은 것도 트루뷰 광고의 장점이다. 트루뷰 광고 시스템
에서 '건너뛰기' 기능은 이용자에게 광고를 선택할 기회를 주었
다. 이용자 스스로가 선택한 광고만 몰입해서 볼 수 있게 되자
자연스럽게 광고 효과도 높아졌다. 광고주 입장에서는 유효한
광고 시청에만 광고비를 내는 합리적인 과금 방식에 호응할 수
밖에 없었다. 광고비의 합리적인 과금 방식은 다중채널 네트워
크사의 안정적인 수익 모델이 되었고, 비약적인 성장을 견인하
는 결정적인 요인으로 작용했다.

결국 다중채널 네트워크의 주요 수익원은 콘텐츠 제공 플랫
폼에서 얻는 광고 수익이 지배적일 수밖에 없다. 개인 창작자
가 플랫폼에 올린 영상을 이용자가 재생하는 순간, 그러니까

영상이 시작되기에 앞서 먼저 나오는 프리롤(pre-roll) 광고의
노출 횟수에 따라 발생하는 광고 수익을 다중채널 네트워크사
와 콘텐츠 창작자가 나눠 갖는 수익 구조다. 다중채널 네트워
크사는 수익원을 다각화하기 위해 광고 수익 말고도 해외시장
진출, 플랫폼 다양화, 브랜디드 콘텐츠(Branded Content), 제품
배치(Product PLacement: PPL), 캐릭터 상품 판매 같은 다양한
비즈니스 모델을 모색해 왔다. 다중채널 네트워크의 일반적인
가치 사슬은 [그림 8-3]과 같다.

전통 미디어의 광고 효율성이 급감하는 상황에서 다중채널
네트워크는 새로운 광고 플랫폼을 제공하면서 앞으로 더욱 성
장할 것이다. 트레져헌터가 네이버와 함께 공급했던 '72초 드

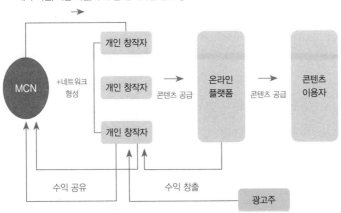

[그림 8-3] 다중채널 네트워크(MCN)의 가치 사슬

출처: 고문정, 윤석민(2016)

라마' 같은 짧은 영상은 물론 개인이 손수 만든 짤방[2] 영상도 더 많이 소비될 것이다. 다중채널 네트워크의 가치는 창작자의 채널을 많이 보유할수록, 구독하는 이용자가 많을수록 상승하게 마련이다. 그렇게 되면 광고주와 플랫폼의 관계에 있어서도 다중채널 네트워크사의 영향력이 더 막강해진다.

한편, 유튜브의 애드센스(Ad Sense) 광고 플랫폼은 타깃에 맞춰 광고하기 때문에 소비자 세분화 전략을 구사하는 동시에 광고 도달률의 극대화를 모색할 수 있다. 그렇지만 유튜브의 시장 독식을 우려하는 다중채널 네트워크사들은 점점 영향력이 커지면서 유튜브를 거치지 않고 광고주와 직거래하는 광고 영업을 선택하기도 한다. 직거래 광고 영업은 주로 제품 배치(PPL) 형태의 스폰서십 동영상 콘텐츠를 노출하는 방식으로 진행되었다. 이렇게 접근하면 광고 수익을 플랫폼에 나눠 주지 않아도 되고, 모든 광고비가 다중채널 네트워크사와 콘텐츠 창작자의 몫으로 고스란히 돌아오게 된다.

다중채널 네트워크 서비스에서는 성별, 나이, 관심 분야, 온라인 사용 패턴을 분석해서 수용자(소비자)를 세분화시켜 콘텐츠를 노출한다. 따라서 적합한 수용자를 대상으로 일대일 맞춤형 마케팅을 할 수 있다. 더욱이 창작자가 만든 영상 콘텐츠를

---

2) 짤방은 '잘림 방지'라는 뜻으로 인터넷상에 올리는 재미있는 사진, 그림, 동영상 따위를 이르는 말이다. 사진 없이 글만 올렸을 때 글이 삭제되는 것을 방지하기 위해 사진을 함께 올린 데에서 유래하였다.

제2부 마케팅 태풍을 몰고 온 디지털 플랫폼

광고처럼 느껴지지 않도록 하면서 자연스럽게 상품과 브랜드를 노출하거나 크리에이터가 제품을 소개할 수도 있다. 하지만 부작용도 있다. 협찬을 받아 어떤 제품이나 브랜드를 소개하면서도 표기나 고지는 제대로 하지 않는 '뒷광고' 문제가 2020년 들어 심각한 사회문제로 떠오른 것이 대표적인 사례이다. 국회에서는 「뒷광고 방지법」(「정보통신망법」 개정안)을 발의해 이 문제를 규제하기로 했다(차주경, 2020). 그렇지만 뒷광고를 하지 않는 범위 내에서 광고를 콘텐츠처럼 만들고 콘텐츠를 광고처럼 만들어 다중채널 네트워크에 노출하면 광고 효과가 높을 것이다. 이와 같은 브랜디드 콘텐츠는 계속해서 증가하고 더 많이 활용될 것으로 예상된다.

광고업계의 새로운 전략 모색

광고업계에서는 다중채널 네트워크의 콘텐츠 생산과 소비 문제를 좀 더 깊이 관찰한 다음, 현실적으로 유용한 활용 전략을 모색할 필요가 있다.

언론사 입장에서 다중채널 네트워크는 분명 달갑지 않은 손님이다. 다중채널 네트워크의 콘텐츠는 전통 미디어의 콘텐츠에 비해 소비사와 심리적 거리가 밀지 않은 개인 창작자가 제작한 콘텐츠이다. 따라서 실시간 및 비실시간의 상호작용을 통해 공감을 유발하는 콘텐츠의 소비를 늘릴 수 있다.

젊은 소비자는 모바일(인터넷) 플랫폼을 통한 동영상 소비와 댓글 채팅에 익숙하기 때문에 앞으로 다중채널 네트워크의 콘텐츠는 갈수록 호응을 얻을 것이 분명하다(최세정, 2017). 이렇게 되면 전통 미디어에 배정될 광고 물량이 다중채널 네트워크의 직거래 광고 물량으로 전용될 가능성이 높다. 결국 전통적인 언론사에서는 모바일(인터넷)을 통한 콘텐츠 소비에 익숙한 젊은 세대가 선호할 만한 재미있는 콘텐츠를 발굴하고 유통하는 데 집중해야 한다. 나아가 전통 미디어의 플랫폼에서 놓치고 있는 틈새시장을 찾아 적극적으로 공략할 필요가 있다.

광고주 입장에서는 다중채널 네트워크가 무척 반가운 손님일 수밖에 없다. 성별, 연령별, 관심 분야별, 온라인 사용 패턴에 따라 꼭 필요한 대상에게만 광고하는 타깃 마케팅을 할 수 있기 때문이다. 광고주는 버선발로 뛰어나가 맞이하고 싶을 것이다. 광고주가 마음만 먹으면 마치 미술관의 큐레이터처럼 콘텐츠의 큐레이션을 자유자재로 전개하는 것도 어렵지 않다. 플랫폼과 콘텐츠가 넘쳐나는 미디어 환경에서 광고주는 소비자의 입맛에 맞는 콘텐츠를 찾아 분류하고 가공해 주는 큐레이션 서비스를 이용할 수도 있다(배기형, 2016).

광고 제작 측면에서도 다중채널 네트워크를 활용해서 새로운 형식의 광고 콘텐츠를 시도할 필요가 있다. MCN 콘텐츠에 대한 트래픽이 갈수록 높아지는 상황에서 광고주는 온라인 동영상 콘텐츠를 활용한 브랜드 마케팅 활동을 보다 적극적으로 전개할 것이다. 이제 광고주는 TV, 영화, 뉴스에서 화제를 모은 콘텐츠를 자사의 브랜드 스토리로 짧고 이해하기 쉽게 가공해 주는 서비스를 마음껏 활용할 수 있게 되었다. 이러한 큐레이션 서비스는 기존의 광고회사에 위협 요인으로 작용할 것이다.

광고회사 입장에서는 다중채널 네트워크가 조금 어려운 손님이다. 다중채널 네트워크 콘텐츠에 대한 트래픽이 계속 상승하는 상황에서 광고주는 온라인 동영상 콘텐츠의 창의성을 계속 요구할 것이다. 소비자 역시 스낵 컬처(snack culture)와 수직 미디어(vertical media)를 좋아할 수밖에 없다. 간편하게 먹는 스낵처럼 짧은 시간에 편안하게 즐길 수 있는 콘텐츠가 스낵 컬처라면, 수직 미디어는 기존과 달리 특정 분야의 소식만 전하는 미디어다. 광고주에게 새로운 형식의 광고 콘텐츠를 제공하지 못하거나 기존의 크리에이티브만 고집하는 광고회사라면 서서히 도태될 수밖에 없기 때문에 광고회사에 다중채널 네트워크는 고민거리일 수밖에 없다.

따라서 광고 창작자는 다중채널 네트워크의 문법에 적합한 특화된 광고 창의성을 발휘해야 한다. 광고회사가 홀로 해결하기 어려운 대목이 있을 때는 외부의 1인 창작자와 함께 협업한다면 기대 이상의 성과가 나타날 것이다. 초연결 사회와 초지능 사회가 구현되는 제4차 산업혁명 시대에는 미래를 예측할 수 있는 통찰력과 예지력을 가지고 미래를 준비해야 한다(안종

배, 2020, p. 33). 광고회사와 1인 창작자의 협업도 미래를 창조하는 통찰력과 예지력의 바탕 위에서 이루어져야 한다.

☑️ **핵심 체크**

젊은 소비자는 모바일 플랫폼을 통한 동영상 소비와 댓글 채팅에 익숙하기 때문에 앞으로 다중채널 네트워크의 콘텐츠는 갈수록 호응을 얻을 것이다. 이렇게 되면 전통 미디어에 배정될 광고 물량이 다중채널 네트워크의 직거래 광고 물량으로 전용될 가능성이 높다.

디지털 시대의
광고 마케팅
기상도

제**3**부

기후변화를
주도하는
디지털 광고

09
세상을 바꾸는
온라인 광고

광고 생태계는 유기체처럼 움직인다. 미디어 환경이 급변하는 중심에는 온라인이 있다. 컴퓨터의 중앙처리장치와 개인의 단말기가 통신 회선으로 직접 연결되는 온라인이 세상을 바꾸리라고는 누구도 예상하지 못했었다. 전통 미디어와 뉴 미디어가 충돌하거나 융합되면서 미디어의 개념과 범위도 달라졌다. 미디어의 소비 행태도 갈수록 복잡한 양상을 띠고 있다.

온라인 미디어는 미디어 생태계에 혼란스러울 정도의 지각 변동을 일으킨 주역이다. 온라인 광고도 급성장해 텔레비전 광고를 넘어서 기존 미디어의 광고 영토를 빼앗고 있다. 동영상은 소셜 미디어를 만나 온라인 마케팅 활동에 날개를 달았다. 스마트 기기의 보급률이 증가함에 따라 온라인 광고는 앞으로도 성장세를 유지할 것이다. 온라인 광고의 고갱이를 이모저모 살펴보기로 하자.

온라인 광고의 진화

온라인 광고(online advertising)는 인터넷을 기반으로 이용자에게 상품과 브랜드의 메시지를 전달하는 모든 광고를 포괄하는 개념이다. 인터넷 광고, 이메일 광고, 웹 광고, 모바일 광고, 소셜 미디어 광고, 디지털 광고라는 용어가 혼용되고 있지만 모두 온라인 광고에 포함된다(Pandey, 2019). 광고 메시지는 PC, 노트북, 태블릿, 스마트 TV, 스마트폰 화면에 나타난다. 1994년 최초의 상업 웹진 핫와이어드(HotWired)에 게재된 AT&T의 배너 광고가 최초의 인터넷 광고로 공인받은 이후, 온라인 광고는 급속히 발전했다. 모바일 광고를 별도로 구분하기도 하지만 기기, 플랫폼, 하부 요소가 인터넷을 기반으로 진화하면서 온라인 광고라는 포괄적인 용어가 정착됐다(김병희, 2015; 최세정, 2017).

미디어의 판도는 정보 유통에 대한 주도권이 어떻게 바뀌느냐에 따라 변해 왔다. 흥미로운 사실은, 정보 유통의 주도권은 한번 바뀌면 결코 과거로 되돌아가지 않는다는 점이다. 온라인 미디어에서 정보 유통의 주도권을 개인이 가져간 다음부터 광고와 마케팅의 방법도 소셜 맞춤형 방식으로 달라졌다. 신문 기사는 개인 블로그의 콘텐츠나 소셜 미디어의 포스팅과 유사하고, 방송 콘텐츠는 개인 유튜브의 주문형 비디오(VOD)나 아프리카TV의 생방송과 별반 다르지 않다. 모든 부분을 네트워크 미디어나 온라인 미디어의 관점에서 전혀 새롭게 해석해야 할 시점에 이른 것이다.

온라인 광고에서 중요한 두 축은 브랜딩(branding)과 실행(performance)이다. 브랜딩은 이미지나 동영상을 활용해 소비자에게 브랜드 인지도나 선호도를 제고하는 감성적 접근 방법이다. 창의성을 발휘해 브랜드 스토리를 만들어 내는 과정이다. 이에 비해 실행은 기업에서 텍스트나 데이터를 활용해 소비자를 발견하고 브랜드 메시지를 노출하는 이성적 접근 방법이다. 분석력과 종합력을 발휘해 브랜드에 대한 통찰력을 찾아내는 과정이다.

현재 온라인 동영상 광고와 지상파 방송 광고의 송출 방식은 현격한 차이가 있는데, 송출 방식을 비교해 보면 온라인 광고가 지상파 방송 광고보다 얼마나 선택의 폭이 넓은지 확인할 수 있다(〈표 9-1〉 참조). 온라인 동영상 광고는 광고 서버에서 데이터를 분석해 타깃을 선정하고, 타깃이 방문한 매체가 앱인지 사이트인지 판단한다. 이어서 소비자가 이용하는 콘텐츠가 텍스트인지 이미지인지 농영상인지 확인하고, 노출할 광고 형태를 텍스트, 이미지, 동영상 중에서 결정해 디바이스의 화면 크기에 알맞게 노출한다. 또 송출 방식, 상품 구성, 솔루션, 디바이스, 노출 방식, 과금 방식 같은 여러 요인이 결합되어 소비자에게 노출된다.

〈표 9-1〉 광고 송출 방식의 비교

	온라인 동영상 광고	지상파 방송 광고
송출 방식	실시간(Live), 주문형(VOD)	실시간(Live)
상품 구성	앞, 중간, 뒤	앞, 중간, 뒤
솔루션	DSP, SSP, DMP, Exchange, 광고 서버, 광고 네트워크	없음
디바이스	PC, 스마트폰, IPTV, 태블릿	TV
노출 방식	건너뜀(Skip), 강제 시청	강제 시청
과금 방식	실행 방식, 브랜딩 방식, 수익 공유	브랜딩 방식

이처럼 요인의 조합도 다양하고 고려할 변수도 많다 보니, 온라인 동영상 광고는 선택할 수 있는 광고 유형도 많다. 그러나 지상파 방송 광고는 선택할 수 있는 경우의 수가 별로 없다. 송출 방식, 상품 구성, 솔루션, 디바이스, 노출 방식, 과금 방식 같은 요인 중에서 광고를 어디에 노출하느냐 정도의 변수밖에 없다.

모바일을 포함한 온라인 광고가 급성장한 이유는 맞춤형 메시지 전달이 가능했기 때문이다. 소비자의 인구통계학적 특성, 심리적 특성, 검색 기록 같은 행동적 특성을 분석하여 맞춤형 메시지를 전달할 수 있게 된 것이다. 광고주가 선택할 수 있는 미디어의 범위가 늘어났고, 소비자도 미디어를 폭넓게 선택할 수 있게 되었다. 이에 따라 소비자의 선택을 받을 수 있는 미디어 전략을 전개하는 것이 무엇보다 중요해졌다. 불특정 다수의 소비자에게 광고했던 기존 방식에서 벗어나, 이제는 소비자의 미디어 소비 행동을 분석해 최적의 대상에게만 광고할 필요가 생겼다.

다양한 선택지를 제공하는 온라인 광고

모바일 광고, 스마트 광고, 온라인 광고, 디지털 광고 같은 용어가 복잡하게 쓰이는데, 각 용어의 의미를 좀 더 상세히 살펴볼 필요가 있다. 모바일은 기기의 특성을, 스마트는 기술적 특성을, 온라인은 네트워크의 특성을, 디지털은 1과 0이라는 이진수 숫자열의 특성을 나타낸다. 네트워크를 기반으로 하는 온라인 광고는 모바일 광고와 스마트 광고를 포괄하지만, 디지털 광고의 하위 개념에 속한다. 온라인 광고의 범위를 나타내는 [그림 9-1]을 보면 쉽게 이해할 수 있다.

온라인 광고의 범위를 설정할 때는, ① 거의 모든 매체가 디지털화되었다는 점, ② 광고 서버를 통해 N스크린 광고를 송출할 수 있다는 점, ③ 광고 플랫폼을 통해 광고를 유통할 수 있다는 점, ④ 유무선 구분 없이 동일한 접속 환경이 구현될 수 있다

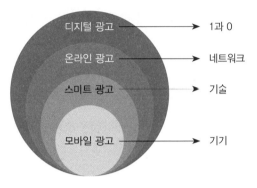

[그림 9-1] 온라인 광고의 범위

는 점 같은 다양한 상황을 고려해야 한다. 모든 광고가 디지털 화되어 광고 서버를 통해 N스크린 광고를 실시간으로 조정할 수 있고, 하나의 매체에서도 다양한 스크린에 여러 가지 광고 형식이 송출될 수 있다.

한편, [그림 9-1]에 제시한 네 가지 관점에서 어떤 부분을 강조하느냐에 따라 온라인 광고의 체계나 범위도 달라질 수 있다. ① 소비자가 보는 광고 콘텐츠의 형식이 무엇인지, ② 소비자가 광고에 어떻게 반응하는지, ③ 소비자와 광고의 접점인 스크린의 크기나 형태가 어떠한지, ④ 광고비를 산정하는 과금(課金) 체계는 무엇인지 등에 따라 온라인 광고의 체계와 범위를 설정할 수 있다(신원수, 한국온라인광고협회, 2020).

먼저, 소비자가 보는 콘텐츠 형식에 따라 온라인 광고를 텍스트 광고, 이미지 광고, 동영상 광고로 분류할 수 있다. 또 소비자가 광고에 어떻게 반응하느냐에 따라 온라인 광고를 노출

　　　　제3부 기후변화를 주도하는 디지털 광고

형과 검색형으로 분류할 수 있다. 노출형 광고는 일방향으로 이용자에게 정보를 전달하는 방식으로, 미디어렙 광고, 매체 자체의 판매 광고, 애드 네트워크 광고 등이 있다. 검색형 광고는 이용자가 직접 입력한 키워드에 대한 광고로, 검색 광고 플랫폼에서 판매하는 여러 형태의 광고 상품에 해당한다. 다음으로 스크린의 크기와 형태에 따라 사물인터넷(IoT), 웨어러블, 스마트폰, 태블릿, 노트북, PC, 스마트 TV, 디지털 사이니지, 영화 스크린, 전광판 광고로 분류할 수 있다. 마지막으로, 과금 체계에 따라 온라인 광고를 CPM, CPC, CPA, CPS, CPV 광고로 분류할 수 있다.

이 중에는 1,000명에게 광고를 노출하는 데 사용된 비용을 의미하는 CPM(Cost Per Mille, 광고 단가÷광고 노출 횟수×1,000) 방식이나, 광고를 클릭한 횟수당 비용을 의미하는 CPC(Cost Per Click, 비용÷클릭) 방식이 가장 널리 쓰이고 있다. 광고주가 특정 웹페이지에 정보를 제공했을 때, 방문자가 접속해 회원가입이나 이벤트 참여를 실행했을 때 과금하는 CPA(Cost Per Action, 비용÷실행) 방식도 자주 활용된다. 방문자가 접속해 상품이나 브랜드를 구매했을 때 구매 금액에 따라 약정한 광고비를 지불하는 CPS(Cost Per Sale, 비용÷판매) 방식과 방문자가 접속해 광고 동영상을 실제로 시청했을 때만 과금하는 CPV(Cost Per View, 비용÷실시청) 방식은 광고의 실효적 효과를 숭시하는 과금 체계다.

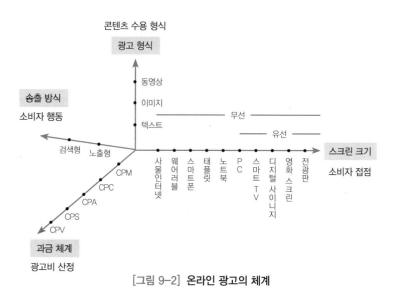

[그림 9-2] **온라인 광고의 체계**

온라인 광고 혹은 모바일 광고의 유형은 관점과 용도에 따라 다양하게 분류할 수 있다. 여러 가지 유형이 있을 수 있지만, 광고학계나 광고업계에서는 미국 양방향광고협회(IAB)에서 제시한 모바일 디스플레이 광고, 모바일 동영상 광고, 오디오 광고, 모바일 활성화 광고, 브랜디드 앱 광고, 위치 기반 광고 같은 여섯 가지 유형을 가장 보편적인 기준으로 인정하고 있다 (IAB, 2012).

첫째, 모바일 디스플레이(mobile display) 광고는 PC 기반의 광고 인벤토리(웹사이트의 광고지면)와 마찬가지로 모바일 웹페이지나 콘텐츠 옆에 나타나는 배너 광고다. 광고가 게시되는 사이트를 정확하게 선택하거나 웹사이트와 방문 페이지 같은

제3부 기후변화를 주도하는 디지털 광고

광고 플랫폼을 통해 특정 집단의 트래픽을 유도한다. 이 광고는 이미지, GIF, 동영상, 배경 화면, 팝업 같은 다양한 형식으로 제공된다. 광고의 게시 위치, 모바일 화면의 크기, 리치 미디어의 기능에 따라 광고 가격이 달라지고, 잠재 고객에게 다가갈 수 있는 다양한 방법이 있으므로 광고주의 예산과 필요에 따라 자유롭게 선택할 수 있다.

둘째, 모바일 동영상(mobile video) 광고는 모바일 기기에서 구동되는 영상 광고다. 현대의 소비자는 정지된 텍스트 광고보다 온라인 동영상 광고를 선호한다. 기업에서는 소셜 채널을 활용해 브랜드 스토리를 상세히 전달할 수 있고, 소비자는 5G의 데이터 네트워크를 활용해 언제 어디에서든 동영상을 시청할 수 있다. 잠재 고객은 잘 만든 광고를 신뢰한다. 영상을 무조건 길게 만들기보다 적절한 분량에 재미있게 구성하는 것이 동영상 광고 문법의 요체다. 동영상 광고는 브랜드 활성화를 위한 새로운 기회를 제공할 가능성이 높기 때문에 앞으로도 널리 활용될 것이다.

셋째, 오디오(audio) 광고는 음성 기반의 메일이나 음성 사용 정보가 나오기 전후에 모바일 응용 프로그램으로 재생하는 광고다. 지상파 방송이나 스트리밍 라디오 방송의 노래 사이에 상품이나 브랜드를 알리는 오디오 광고를 삽입한다. 누구나 오디오 콘텐츠를 올리고 생방송을 진행할 수 있도록 하는 오디오 플랫폼도 급속히 발전했다. 이 광고는 모바일 음악 앱을 작동할 때 두루 활용할 수 있으며, 배너 광고와 동반해서 노출할 수도 있다. 디지털 음악을 좋아하는 청취자가 갈수록 증가하고 있어 오디오 광고의 수요도 늘어날 수밖에 없다.

넷째, 모바일 활성화(mobile activation) 광고는 더 많은 잠재 고객에게 도달하도록 모바일 광고를 조합해 마케팅 솔루션을 활성화하는 광고다. 대화형 배너 광고, 모바일 동영상 광고, 리치 미디어 광고, 검색 광고, 디스플레이 광고, SMS 캠페인, 삽입 광고, 창의적인 프로그램, 소셜 미디어 광고, 이메일 마케팅, 모바일 앱 광고, 리타기팅 광고 같은 여러 광고를 마케팅 목적에 따라 활용한다. 모바일 광고의 네트워크 회사에서는 효과적인 광고 도구와 템플릿을 다양하게 출시했다. 따라서 광고주는 거의 모든 장치를 활용해 모바일 광고 경험을 활성화할 수 있다.

다섯째, 브랜디드 앱(branded apps) 광고는 마케팅 담당자가 광고 인벤토리를 구매하지 않고 자체 앱을 만들어 스마트폰의 앱 스토어에서 다운받게 하는 광고다. 이 광고는 특정한 잠재 고객에게 앱을 제공해서 마케팅 활동을 전개하는 데 적합하다. 마케팅 담당자는 소비자에게 고급 정렬 옵션을 제공해 앱을 다운받게 해서 자주 이용하도록 유도해야 한다. 광고에서 실질적인 가치를 제공하지 않으면 소비자가 광고를 건너뛰기 때문에 마케팅 담당자는 광고 가치를 환기하는 데 신경 써야 한다. 소비자가 스마트폰으로 정보를 탐색하는 동안에 이 광고를 노출하면 효과적이다.

여섯째, 위치 기반(location-based) 광고는 위치정보시스템(GPS)이나 지리적 위치 기술로 소비자의 위치를 연결해 웹이나 앱에 게시하는 광고다([그림 9-3] 참조). 디스플레이 광고의 모든 기능을 바탕으로 쿠폰 다운로드, 음성 통화, 매장 구매, 픽업 주문, 모바일 사이트 방문 같은 클릭 유도 문안으로 소비자를 가까운 소매점으로 안내한다. 광고 메시지를 전달할 소매점 주변의 지리적 위치를 설정하는 지오펜싱[1] 기능이 중요하다. 이 광고는 가장 가까운 소매점을 찾아내 쿠폰을 클릭하고 전화 연결도 가능하기 때문에 최적의 고객을 확보하려는 광고 마케팅 활동에 자주 활용된다.

[그림 9-3] 위치 기반 광고 사례

---

1) '지리적(geographic)'과 '울타리(fencing)'의 합성어인 지오펜싱(geofencing)은 위치 정보에 따라 특정 대상이 범위 안에 있느냐 없느냐를 알려 주는 반경 설정 기술이다. GPS가 위치를 점으로 표시한다면 지오펜싱은 면으로 위치를 나타내며, 스마트폰 사용자의 위치를 파악할 때 자주 쓰인다.

그동안 학계에서는 온라인 광고가 어떠한 과정을 거쳐 소비자에게 영향을 미치며, 어떤 요인들이 광고 태도나 구매 의도에 영향을 미치는지 규명하려고 노력해 왔다. 이때 광고의 정보성, 오락성, 침입성, 맥락성은 중요한 독립변수였고, 광고 효과는 미디어 효과와 메시지 효과의 상호작용을 통해 배가 되는 것으로 알려져 왔다. 광고 메시지는 광고주가 원하는 방향으로 목표 소비자의 인지, 태도, 행동이 변하도록 영향을 미치는 핵심 요인으로 고려되어 왔는데, 온라인 광고에서도 기기의 특성, 기술적 특성, 네트워크의 특성에 못지않게 크리에이티브와 관련된 메시지의 특성이 중요하다.

미래 광고의 새로운 지평선

온라인 광고는 디지털 광고의 부흥기를 견인하고 있다. 제품 수명 주기와 브랜드 교체 시점이 점점 짧아지는 상황에서 온라인 광고 크리에이티브는 소비자에게 브랜드 스토리를 전달하며 상당한 영향을 미치고 있다. 온라인 광고 크리에이티브를 결정하는 핵심 원칙 세 가지는 다음과 같다(Roach, 2019).

첫째, 디지털 우선(digital first)의 원칙이다. 광고 창작자들은 TV 광고 위주로 아이디어 발상을 하던 습관에서 벗어나, 먼저 디지털 밑단(digital legs)을 이해하는 데서부터 시작해야 한다.

제3부 기후변화를 주도하는 디지털 광고

광고 창작자들은 온라인 미디어의 특성을 이해한 다음, 여러 미디어에 동시에 쓸 수 있는 아이디어를 여러 채널에 연결시켜야 한다. 광고물을 실시간 영상 이벤트에 연결하고 짧은 개인 맞춤형 영상을 동시에 여러 개 만드는 것도 좋다. 그렇게 해야 브랜드 스토리를 생생하게 구현하고 광고 플랫폼에 혁신을 가져올 수 있는데, 모든 과정이 디지털 우선의 원칙에 따라 진행되어야 한다.

둘째, 다양한 통합(variably integrated)의 원칙이다. 모든 채널에서 브랜드 스토리를 똑같이 전달하되 전반적인 브랜드 목표와 채널별 브랜드 목표를 구분해야 한다. 채널 전반에 걸쳐 브랜드 스토리를 구축해야겠지만, 개인 맞춤형의 크리에이티브를 활용해 온라인 광고와 소비자를 어떻게 연결하고 브랜드 스토리를 어떻게 강화할 것인지 구체적인 방법을 찾는 작업이 더더욱 중요하다. 온라인 광고를 여러 플랫폼으로 확장하려는 계획에 따라 소비자 맞춤형의 유연한 시스템을 구축해야 한다. 다양한 통합의 원칙을 고려하면 고객 참여 플랫폼이 놀랍게 활성화될 것이다.

셋째, 광범위한 시스템(system-wide)의 원칙이다. 소비자의 모든 접점을 통합해 브랜드 스토리를 일관되게 전달해야 한다. 온라인 미디어가 발전하는 상황에서 광고주, 광고회사, 매체사는 광고 창작자들이 창의성을 발휘할 수 있도록 협력 관계를 더욱 강화해야 한다. 적합한 소셜 미디어 플랫폼을 이용해 소비자 행동의 변화나 소비 패턴을 조사한 다음, 광고 목표에 따라 구매 동기를 유발하는 창의적인 아이디어를 찾아내야 한다. 각 영역에서 광범위한 시스템의 원칙에 따라 협력 관계를 강화한다면 소비자에게 감동적인 브랜드 스토리를 전달할 수 있다.

앞으로 온라인 광고업계는 디지털 우선의 원칙, 다양한 통합의 원칙, 광범위한 시스템의 원칙에 따라 온라인 광고의 크리에이티브 수준을 높여 나가야 한다. 위험 감수를 두려워하지 말고, 소비자와의 정서적 연결이 장기적으로 지속 가능하도록 노력해야 한다. 온라인 광고는 우리나라 광고계에 미래 광고의 지평선을 새롭게 제시할 것이다.

> **☑ 핵심 체크**
>
> 온라인 광고 혹은 모바일 광고의 유형은 관점과 용도에 따라 다양하게 분류할 수 있다. 여러 가지 유형이 있을 수 있지만, 광고학계나 광고업계에서는 미국 양방향광고협회(IAB)에서 제시한 모바일 디스플레이 광고, 모바일 동영상 광고, 오디오 광고, 모바일 활성화 광고, 브랜디드 앱 광고, 위치 기반 광고 같은 여섯 가지 유형을 가장 보편적인 기준으로 인정하고 있다.

10
온라인 동영상 광고의 매력

온라인 광고 중에서 동영상 광고는 가장 주목받는 영역이다. 인기 유튜버를 꿈꾸는 사람들이 많다는 것은 영상 콘텐츠에 대한 관심이 그만큼 폭발적으로 늘어나고 있음을 뜻한다. 영상 콘텐츠의 소비가 늘어날수록 온라인 동영상 광고에 대한 수요도 증가하게 마련이다. 동영상 광고가 대세로 떠오른 것이다.

피해 갈 수 있는 다른 온라인 광고와는 달리, 강제 노출이 가능한 온라인 동영상 광고는 소비자 입장에서는 불편할 수 있어도 광고주 입장에서는 매력적일 수밖에 없다. 이용자가 보고 싶은 영상을 요청하고 기다리는 동안 동영상 광고가 노출되는 경우가 많기 때문이다. 온라인 동영상 광고의 세계로 좀 더 깊이 들어가 보자.

온라인 동영상 광고의 진화

　온라인 동영상 광고(online video advertising)는 영상 콘텐츠의 소비 증가에 발맞춰 발전해 왔다. 곰TV나 판도라TV 같은 국내 사이트의 동영상이 한동안 주목을 끌었지만, 지금은 유튜브(YouTube)가 독보적인 선두 자리를 차지했다. 2000년대 초반에는 광고 모델이 아닌 구독 기반의 비즈니스 모델에 동영상 콘텐츠의 미래가 달려 있다고 인식되었다. 그러나 2005년 등장한 유튜브에서 동영상 압축 기술을 개선하고 초고속 인터넷을 채택하자 시장이 급변했다. 콘텐츠 회사나 이용자들이 수많은 영상 콘텐츠를 발표하자 광고회사들은 디지털 동영상 광고의 인벤토리(inventory)를 판매하기 시작했고, 동영상 광고의 표준화 방안을 모색했다.

　맥락에 따라 다각도로 온라인 동영상 광고를 정의할 수 있지만, 미국 양방향광고협회(IAB)의 정의가 가장 보편적이다. 2006년에 IAB는 온라인 동영상 광고에 대해 "동영상이 나오는 환경에서 스트리밍 동영상, 애니메이션, 게임 및 음악 동영상 콘텐츠를 비롯해 다양한 콘텐츠가 구동되기 전, 구동 중, 구동 후에 나오는 광고"라고 정의했다. 동영상 광고의 범위를 매우 포괄적으로 규정한 정의인데, IAB는 이를 보완하기 위해 온라인 동영상 광고를 인스트림 동영상 광고, 배너 기반의 동영상 광고, 텍스트 기반의 동영상 광고라는 세 가지 하위 범주로 구체화했다(Tal, 2019).

동영상 광고의 기술이 표준화되기 전에는 광고별로 각기 다른 동영상 플레이어의 사양을 맞춰야 했다. 이 때문에 광고주는 각기 다른 동영상 플레이어에 맞는 광고 버전을 만드는 데 비용을 많이 써야 했다. 따라서 기술 표준화의 문제가 절박한 당면 과제로 떠올랐고, 기술 표준화가 이뤄지자 동영상 광고는 비약적으로 발전하기 시작했다.

2008년에 발표된 동영상 광고 게시 템플릿(VAST)은 동영상 플레이어와 광고 서버 사이에서 동영상 광고를 호출하고 송출하기 위한 표준 규격이었다. 광고 서버와 동영상 플레이어가 통신할 수 있는 체계적인 방법을 구현함으로써 광고주는 동시에 여러 곳에 광고를 게시할 수 있게 되었다. VAST는 동영상 플레이어가 여러 광고 서버로부터 동일한 형태의 광고정보를 전달받아 서버가 다른 여러 화면에서 높은 해상도, 빠른 속도감, 뛰어난 성능을 발휘할 수 있도록 여러 장치와 광고주에게 단일한 형식을 지닌 공통의 프로토콜[1]을 제공했다.

실제로 동영상 광고 게시 템플릿(VAST)에는 광고 형식, 광고 게시자(광고주), 동영상 플레이어가 재생할 광고 파일의 주소 정보, 광고의 재생 시간이 포함된다. 2009년에 나온 VAST 2.0

---

1) 컴퓨터 상호 간 혹은 컴퓨터와 단말기 간에 통신할 때 필요한 통신 규약을 의미한다.

에서는 일부 광고 형식을 표준화했고, 대화형 미디어 파일을 지원하기 시작했다. 2012년에 나온 VAST 3.0에서는 건너뛸 수 있는 광고, 광고 모음, 광고 내 개인정보 보호의 알림 같은 추적 기능이 도입되었다. 2016년에 나온 VAST 4.0에서는 서버 측의 광고 삽입, 광고 확인, 광고 범주, 고품질 파일, 국제 크리에이티브 ID 프로그램을 지원했듯이 버전이 향상될수록 기능도 추가되었다(IAB Tech Lab, 2019).

이밖에도 미국 양방향광고협회(IAB)는 더욱 향상된 기술 표준을 제시했다. 동영상 플레이어 광고 인터페이스 정의(VPAID)는 동영상 광고와 동영상 플레이어가 상호 통신할 수 있게 하는 표준화된 프로토콜이다. 동영상 광고 게시 템플릿(VAST)은 표준화된 코드에 따라 프로그래매틱 광고나 양방향 광고를 전달한다. VPAID는 이용자와 동영상 광고가 통신할 수

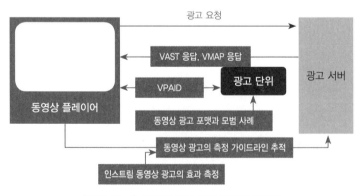

[그림 10-1] 동영상 광고 게시 과정의 관계도

제3부 기후변화를 주도하는 디지털 광고

없던 VAST의 단점을 보완했는데, 이용자와 동영상 광고 간에 양방향 통신을 할 수 있고(재생, 건너뛰기, 공유, 닫기, URL 클릭 등), 동영상 광고에 대한 이용자의 반응 자료도 수집할 수 있다. 동영상 광고 구동 목록(Video Multi Ads Playlist: VMAP)은 광고 서버에서 전송된 동영상 광고의 구조를 나타낸다. 콘텐츠 소유자는 VMAP를 활용해 정확한 광고 시간을 지정할 수 있다. 표준화 기술이 향상됨에 따라 동영상 광고의 게시 방법도 간편해졌으며 동영상 광고도 날로 발전하게 되었다.

기술의 발전에도 불구하고 온라인 동영상 광고에서 해결해야 할 문제들이 있었다. 미국 양방향광고협회(IAB) 기술연구소는 2015년에 광고 차단 기술에 대응하기 위해 린(LEAN) 원칙을 발표했다. 소비자의 광고 차단 문제를 해결하기 위한 더욱 보편적인 기술 표준화 원칙이 발표되자 미디어 기업들은 이 원칙을 널리 채택했다(Riordan-Butterworth, 2016). ① 콘텐츠 페이지를 뜨게 하는 데 부담을 주지 않기 위해 데이터 호출의 엄격한 지침에 따라 파일 크기를 제한하는 경량화(Light), ② 광고 요청과 광고 노출 사이에 이용자의 정보를 전송할 때는 이용자 정보가 노출되지 않게 보안을 보장하는 암호화(Encrypted), ③ 이용자 본인의 개인정보로 광고를 선택할 수 있도록 개인정보 보호 프로그램을 제공하는 광고 선택권의 지원(Ad choices supported), ④ 이용자의 경험을 해치지 않도록 이용자의 경험을 보완하고 방해하지 않는 비침입과 비훼손(Non-invasive/

Non-disruptive)이 네 가지 핵심 기준이다(Singh, 2019). 광고업계에서는 온라인 동영상 광고의 모든 영역에 네 가지 핵심 기준을 적용했고, 린 원칙은 온라인 동영상 광고의 기술 표준을 발전시키는데도 기여했다.

온라인 동영상 광고의 유형

온라인 동영상 광고는 온라인이나 모바일로 제공되는 동영상 광고를 비롯해 유튜브나 페이스북에서 임의로 제작한 동영상 광고도 있고, PPL 혹은 브랜디드 콘텐츠의 일환으로 진행하는 네이티브 동영상 광고도 있다. 갈수록 종류가 다양해지고 있는 온라인 동영상 광고도 미국 양방향광고협회(IAB)에서 제시한 광고 유형이 가장 보편적으로 적용되고 있다. 광고가 실리는 콘텐츠가 동영상이거나 광고 콘텐츠 자체가 동영상인 경우 모두를 온라인 동영상 광고의 범위에 포함한다. IAB는 광고가 실리는 콘텐츠의 유형에 따라 인스트림 동영상 광고, 배너 기반 광고, 텍스트 기반 광고, 독립 콘텐츠로 온라인 동영상 광고를 분류했다.

첫째, 인스트림 동영상 광고(in-stream video ads)는 가장 보편적인 유형으로 동영상 광고라고 하면 보통 인스트림 광고를 뜻한다. 동영상 광고 게시 템플릿(VAST)의 규격에 따라 여러

제3부 기후변화를 주도하는 디지털 광고

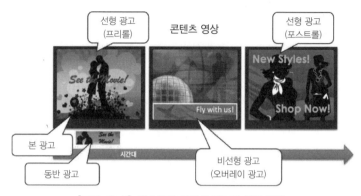

[그림 10-2] 인스트림 동영상 광고의 세부 유형

광고 서버로부터 동일한 형태의 광고 정보를 전달받아 동영상 플레이어가 높은 해상도, 빠른 속도감, 뛰어난 성능을 발휘할 수 있도록 광고를 구동한다. 인스트림 동영상 기반의 광고에는 선형 광고, 비선형 광고, 동반 광고, 깍지 광고 같은 네 가지 종류가 있다(IAB, 2016).

선형 동영상 광고(linear video ads)는 영상 콘텐츠가 나오는 시간대에 광고가 차례로 배치되어 영상 콘텐츠와 광고가 번갈아 가며 하나씩만 재생되는 형식이다. 광고의 노출 위치(시점)에 따라 영상 콘텐츠가 시작되기 전에 나오는 프리롤(pre-roll) 광고, 영상 콘텐츠를 중간에 멈추고 나오는 미드롤(mid-roll) 광고, 영상 콘텐츠가 끝난 다음에 나오는 포스트롤(post-roll) 광고로 선형 광고를 분류할 수 있다. 세 가지 동영상 광고 중에서는 프리롤 광고가 가장 널리 활용되고 있는데 강제 노출이 가능하며 콘텐츠의 시청을 크게 방해하지 않기 때문이다.

비선형 동영상 광고(non-linear video ads)는 영상 콘텐츠가 나오는 동안에 광고가 재생되어 콘텐츠와 광고를 동시에 볼 수 있는 형식이다. 영상 콘텐츠의 아래쪽에 오버레이(overlay) 형식으로 10~20초 동안 이미지나 텍스트 배너 형태로 등장하는 광고가 보편적인데, 함께 실행되는 영상 콘텐츠의 재생을 광고가 방해하지는 않는다. 이용자가 광고 보기를 선택하면 콘텐츠 영상이 보류되며, 비선형 광고의 확장 버전이 재생된다. 비선형 광고는 화면을 많이 차지하지 않아 이용자가 자유롭게 선택할 수 있고 광고와 양방향 상호작용을 할 수 있다.

동반 광고(companion ads)는 선형 혹은 비선형 동영상 광고가 나오는 동안에 화면 바깥쪽에 2개 이상의 광고가 동시에 재생되는 형식이다. 본 광고가 나오는 동안 다른 공간에서 텍스트 광고, 배너 광고, 동영상 광고가 함께 나오는 형식이며, 같은 광고주의 광고가 동시에 나오는 경우가 많다. 광고 실무계에서는 편의상 '캠페인 광고'나 '병행 배치'로 부르기도 하지만 동반 광고가 더 적합한 표현이다. 동반 광고에는 동영상 광고를 비롯해 최대 6개까지의 디스플레이 광고 소재를 포함할 수 있기 때문에 이벤트와 판촉 활동에 두루 활용된다.

깍지 광고(ad pods)는 콩깍지에 콩이 나란히 들어 있듯이 선형 광고가 2개 이상 붙어 있는 세트 광고다. 노출 위치는 프리롤, 미드롤, 포스트롤이 모두 가능하다. VAST 3.0부터 깍지 광고를 할 수 있게 되었고 동영상 플레이어와 동영상 광고 구

[그림 10-3] 인스트림 동영상 광고에서 깍지 광고의 배치 순서

동 목록(VMAP)이 작동한다. 동영상 플레이어가 광고 서버에
VMAP을 요청하면(요청), 광고 서버에서 광고 목록과 동영상
광고 게시 템플릿(VAST)을 전송하고(응답), 동영상 플레이어는
지침에 따라 시점에 맞춰 광고를 재생하며(재생), 그 후 광고 서
버에 광고 정보를 추적하면(추적) 모든 과정이 끝나게 된다.

둘째, 배너 기반의 동영상 광고(in-banner video ads)는 인스
트림 동영상 광고와는 달리 웹페이지에 있는 디스플레이 배너
광고 슬롯에 포함된 GIF 파일이나 동영상으로 대개 음성 없이
재생된다. 동영상을 구동하려면 보통 영상 플레이어가 필요하
지만, 배너 기반의 동영상 광고를 재생할 때는 플레이어가 없
어도 된다. 배너 기반의 동영상 광고에는 소재를 클릭하면 재
생되는 유형, 음성 없이 자동으로 재생되는 유형, 광고 주변에
마우스 커서를 대면 저절로 재생되는 배회(hover) 유형이라는

〈표 10-1〉 온라인 동영상 광고의 유형

광고의 유형		게시되는 광고물	광고의 종류	광고의 노출 위치	개념 설명
인스트림 동영상 광고	선형 동영상	동영상	동영상	프리롤	영상 콘텐츠가 시작되기 전에 나오는 광고
				미드롤	영상 콘텐츠를 중간에 멈추고 나오는 광고
				포스트롤	영상 콘텐츠가 끝난 다음에 나오는 광고
	비선형 동영상	동영상	텍스트, 배너*, 동영상	콘텐츠 재생 중	영상 콘텐츠가 재생되는 동안 하단 위치 등에 나오는 광고
				오버레이	영상에 마우스 커서를 올리면 영상 일부를 가리며 나오는 반투명 광고
	동반 광고	동영상	텍스트, 배너*, 동영상	콘텐츠 안	영상 콘텐츠 안에 포함되어 있는 광고로 PPL에 자주 활용됨
	각지 광고	동영상	동영상	동영상 주변	동영상 광고가 나오는 동안 화면의 바깥쪽에 함께 나오는 같은 광고주의 광고로 마우스 커서를 올리면 펼쳐짐
배너 기반의 동영상 광고		배너	동영상	프리롤	영상 콘텐츠가 시작되기 전에 나오는 광고
				미드롤	영상 콘텐츠를 중간에 멈추고 나오는 광고
				포스트롤	영상 콘텐츠가 끝난 다음에 나오는 광고
				웹페이지	광고 배너를 클릭하거나 배너 주변에 마우스 커서를 대면 나오는 광고
텍스트 기반의 동영상 광고		텍스트	동영상	웹페이지	텍스트의 브랜드 관련 내용에 마우스 커서를 대면 저절로 나오는 광고
독립 콘텐츠 연계 동영상 광고		동영상	동영상	모바일, 웹페이지	드라마, 음악, 게임, 웹툰, UCC 같은 독립 콘텐츠에 브랜드 메시지를 연계하는 영상으로 네이티브 광고나 브랜디드 콘텐츠가 해당됨

출처: IAB(2016. 1. 8.)의 자료를 바탕으로 추가하고 재구성함.

* 텍스트와 배너도 정지 화면이 아닌 애니메이션과 동영상 형태로 제시될 수 있어 동영상 광고에 포함시켰음.

세 가지가 있다(Bagnall, 2019). 배너 기반의 광고는 최대 3줄로 설명하는 텍스트와 동영상 스크린샷의 이미지로 구성하는 경우가 가장 보편적으로 활용되고 있다.

셋째, 텍스트 기반의 동영상 광고(in-text video ads)는 이용자가 텍스트 내용의 특정 부분을 탐색하다 브랜드와 관련되는 내용에 마우스 커서를 대면 저절로 재생되는 광고다. 텍스트 내에 링크로 표시되기 때문에 이용자가 텍스트를 스크롤하면 저절로 광고가 뜨며, 동영상이 재생되도록 이용자가 선택할 수도 있다. 이용자가 화면 표시의 범위를 상하좌우로 이동하는 스크롤 행위를 계속할 경우에는 광고가 잠시 멈추기도 한다. 전체 화면에서 텍스트가 50% 이상을 차지하면 동영상 광고가 중지되지만, 시선을 끌기 쉽고 풍부한 경험을 제공한다는 장점이 있다. 처음에 음성 없이 재생되어도 마우스를 클릭해서 소리까지 들을 수도 있다.

넷째, 독립 콘텐츠 연계 동영상 광고는 드라마, 음악, 게임, 웹툰, UCC 같은 독자적인 콘텐츠에 브랜드 메시지를 연계시키는 광고이며, 독립적인 위치에서 구동되므로 콘텐츠의 흐름을 방해하지는 않는다. 네이티브 광고(native advertising), 브랜디드 콘텐츠(branded contents), 브랜디드 엔터테인먼트(branded entertainment)가 대표적인 사례인데 콘텐츠에 브랜드 메시지를 실어 보낸다. 동영상 플레이어에 표시되는 스폰서나 게임이 뜨는 동안에 나오는 게임 내 동영상 광고도 있다. 원래의 콘텐츠와 브랜드를 연계시키는 독립 콘텐츠는 플랫폼으로부터 독립된 형태를 띠는 것이 보통이지만 광고와 콘텐츠의 중간 속성을 띠는 형태도 있다.

소비자의 눈길을 사로잡으려면

온라인 동영상 광고가 좋은 반응을 얻는 가장 중요한 이유는 광고 효과가 검증되었기 때문이다. 온라인 동영상 광고의 강제 노출에 따른 광고 효과를 살펴본 연구에서 광고의 강제 노출에 따른 심리적 반발 수준이 광고-프로그램의 맥락일치성에 따라 차이가 나타났다. 즉, 맥락일치성이 낮은 경우에는 광고의 강제 노출에 대한 심리적 반발이 크게 나타났지만, 광고-프로그램의 맥락일치성이 높을 경우에는 심리적 반발이 완화되어 광고 태도에 미치는 부정적 영향이 감소된다는 것이다. 온라인 동영상 광고는 디스플레이 광고에 비해 스토리를 구성하기 쉽고 텔레비전 광고보다 시간 제약을 덜 받기 때문에 광고 주목도와 몰입감이 높다(서희정, 김류원, 정세훈, 2018). 영상 프로그램과 동영상 광고의 맥락을 일치시킨다면 상당한 광고 효과를 기대할 수 있을 것이다.

그렇다면 온라인 동영상 광고를 어떻게 만들어야 더욱 높은 광고 효과를 기대할 수 있을까? 광고에 대한 소비자의 거부감을 최소화시키는 짧은 광고, 형식과 메시지를 한 사람 한 사람에게 최적화하는 맞춤형 광고, 자율감각 쾌락반응(ASMR)[2]을 유도해 심리적 안정감과 감각적 경험을 제공할 수 있는 광고를 창작하는 것이 중요하다. 그리고 영상 콘텐츠인지 동영상 광고인지 구분하기 어려울 정도로 구성과 완성도가 뛰어난 광고, 크리에이터와 협업해서 만든 컬래버레이션 광고, 다소 황당하더라도 재미있는 B급 영상이 주목받을 가능성이 높다(임현재, 2018). 이 여섯 가지는 주목을 유도함으로써 광고 효과를 높이려는 온라인 동영상 광고의 보편적인 트렌드이기도 하다.

온라인 동영상 광고는 기존의 방송 광고를 넘어서 가장 강력한 광고 장르로 부상했다. 네이버, 카카오, 유튜브, 페이스북, 인스타그램을 비롯한 여러 포털 기업에서는 동영상 광고에 사활을 걸고 있다. 그런데도 원하지 않는 광고 시청 혹은 광고의 강제 노출에 대한 거부감은 여전히 존재한다. 이런 상황에서 짧은 광고 여러 개를 개인 맞춤형으로 만들거나 요일마다 다르

---

2) 자율감각 쾌락반응(Autonomous Sensory Meridian Response: ASMR)은 자율(Autonomous), 감각(Sensory), 쾌락(Meridian), 반응(Response)의 줄임말로 뇌를 자극해 심리적 안정이나 쾌감을 유도하는 감각 경험을 뜻한다. 바람 부는 소리, 연필로 글씨 쓰는 소리, 바스락거리는 소리가 오감을 자극하면 스트레스를 줄이고 불면증을 해소한다고 알려지면서 관련 영상이 유튜브에서 인기를 끌었지만 과학적 근거는 확인되지 않았다. 대체로 개인의 경험 측면에서 논의되고 있는 ASMR의 분류나 성격에 대해서도 논란이 있다. 음폭이 넓어 쉽게 귀에 친숙해지는 일상의 백색소음(파도 소리나 빗소리, 카페의 소음, 기차 소리, 도서관 소음 등)과도 유사한데, 정서적 안정감을 주기 때문이다. 자율감각 쾌락반응은 다양한 소리로 뇌를 자극하므로 백색소음보다 포괄적인 개념이다.

게 내보낼 광고를 만들어 노출할 수도 있다. 크리에이터와 협업해서 브랜디드 콘텐츠 전략을 시도할 수도 있다. 이제 역동적으로 변모해 나갈 온라인 동영상 광고의 눈부신 내일을 지켜볼 일만 남았다.

☑ 핵심 체크

동영상 광고의 기술이 표준화되기 전에는 광고별로 각기 다른 동영상 플레이어의 사양을 맞춰야 했다. 이 때문에 광고주는 각기 다른 동영상 플레이어에 맞는 광고 버전을 만드는 데 비용을 많이 써야 했다.

11
유튜브 광고의
끝없는 질주

광고 물량이 디지털 미디어 쪽으로 이동함에 따라 전통 미디어의 위기감이 고조되고 있다. 세계 최대의 무료 동영상 공유 사이트인 유튜브(YouTube)도 상당한 광고 물량을 가져가고 있다. 10~50대까지 우리 국민의 80%가 이용한다는 유튜브다. 2006년 10월, 구글은 16억 5,000만 달러(약 1조 9,586억 원)를 주고 2005년 2월에 설립된 유튜브를 인수했다. 당시엔 고가 인수 논란에 휩싸였지만, 현재 유튜브는 전 세계의 10억 명이 1분에 500시간 분량의 동영상을 올릴 정도로 귀하신 존재가 되었다.

특정 관심사나 특정 연령대만 공략하던 버티컬 플랫폼과는 달리 유튜브는 남녀노소를 불문하고 즐길 수 있는 콘텐츠가 많다. 유튜브 이용자가 증가할수록 유튜브 광고의 영향력도 커지게 마련이다. 많은 사람이 유튜브 광고를 해야 한다고 주장하지만 정작 구체적인 방법을 모르는 듯하다. 따라서 이 글에서는 유튜브 광고에 대한 정보를 설명하는 데 치중하고자 한다. 단조로운 용어 설명이 될 수 있음을 알면서도 이렇게 하는 까닭은 용어를 모르고서는 유튜브 광고를 제대로 파악하기 어렵기 때문이다.

유튜브 광고의 여섯 가지 유형

유튜브는 2019년에 처음으로 매출을 공개하면서 광고 매출이 151억 5,000만 달러(약 18조 원)라고 밝혔다. 유튜브의 광고 매출은 국내 1위 포털 사이트인 네이버의 2019년 광고 매출 6조 5,934억 원에 비해 세 배 정도 많은 수치로, 2018년에 비해 36%가, 2017년에 비해 86%나 늘어났다. 구글 모회사인 알파벳의 전체 매출에서 유튜브 광고가 차지하는 비중도 2018년 8.15%에서 2019년에는 9.35%로 증가했다(정미하, 2020). 연령, 성별, 주제, 키워드, 시간, 채널에 따라 맞춤형 광고를 할 수 있는 유튜브 광고는 광고주의 전폭적인 지지를 받으며 실로 경이로운 성장세를 나타내고 있다. 그렇다면 유튜브 광고에는 어떤 종류가 있을까? 유튜브 광고는 크게 여섯 가지 유형으로 구분한다(YouTube 고객센터, 2020).

첫째, 디스플레이 광고(Display ads)다. 추천 동영상의 오른쪽과 동영상 추천 목록 상단에 게시되는 광고로 데스크톱 컴퓨터에서 구동된다. 플레이어가 더 크면 광고가 플레이어 하단에 게시될 수 있다(Wyzowl, 2020). 동영상 내에서 광고할 필요가 없다면 디스플레이 광고를 이용하면 된다. 이용자가 링크를 클릭하면 조회 수에 따라 광고비가 청구되며 이용자의 화면 오른쪽에 표시된다. 시청 시간만을 기준으로 할 때 10초 내외를 시청해야 조회 수가 집계되는 것으로 알려져 있다. 조회 수 계산은 실시간에 이루어지는 것 같지만 최대 24시간이 걸릴 수도 있다. 저절로 영상이 뜨는 자동 재생은 조회 수에 포함되지 않고 이용자가 영상을 클릭해서 보는 수동 재생의 경우만 조

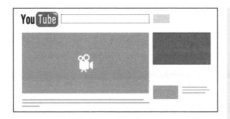

게시 위치: 추천 동영상 오른쪽과 동영상 추천 목록 상단에 게시됨. 플레이어가 더 큰 경우에는 광고가 플레이어 하단에 게시될 수 있음.

플랫폼: 데스크톱

사양: 300×250 또는 300×60

[그림 11-1] 디스플레이 광고

출처: 유튜브 고객센터 홈페이지(https://support.google.com)

회 수에 포함된다(임현재, 2018). 디스플레이 광고는 이름과 달리 가장 눈에 띄는 유튜브 광고는 아니다. 이용자는 자신이 보고 있는 영상만 보고 싶다면 광고를 건너뛸 수 있지만, 전환율 (conversion rates, 웹사이트의 트래픽 중 목표 행동을 달성한 트래픽의 비율)을 높이는 데는 효과적이다. 디스플레이 광고를 클릭한 사람은 자기 뜻에 따라 선택한 것이므로 목표 행동을 더 쉽게 할 가능성이 높다.

둘째, 오버레이 광고(Overlay ads)다. 동영상을 시청할 때 영상 하단의 20% 부분에 노출되는 가로형 배너 이미지의 반투명 광고다. 데스크톱 컴퓨터에서 구동되는 이 광고는 이미지나 텍스트로 메시지를 전달할 수 있다. 이용자가 동영상을 재생하면 그 위에 오버레이 광고가 표시되며, 광고주는 이용자의 클

게시 위치: 반투명 오버레이 광고가 동영상 하단 20% 부분에 게시됨.

플랫폼: 데스크톱

사양: 468×60 또는 728×90의 이미지 광고 또는 텍스트 광고

[그림 11-2] 오버레이 광고

릭 수에 따라 광고비를 지불해야 한다. 오버레이 광고는 주로 웹사이트를 전환하는 데 활용된다. 선택한 이미지의 크기가 차지하는 전체 공간을 광고물로 반드시 채워야 하며, 광고 메시지를 90도로 회전시키거나 거꾸로 표시해서도 안 된다. 광고를 여러 부분으로 나눠서 게시할 수 없으며, 똑같이 복사한 여러 개의 광고를 같은 광고 안에 넣는 것도 안 된다. 광고가 두 개 이상인 것처럼 나타나게 하는 것도 허용되지 않는다.

셋째, 건너뛸 수 있는 동영상 광고(Skippable video ads)다. 기본 콘텐츠의 앞뒤나 중간에 삽입되는 인스트림(in-stream) 광고로 5초 후에 건너뛸 수 있다. 유튜브는 사전에 5초 동안 강제 노출되는 프리롤(pre-roll) 광고를 보완하기 위해 5초 후에 광고 시청 여부를 선택할 수 있는 트루뷰(TrueView) 광고를 도입했다. 5초 동안 트루뷰 광고를 보다가 건너뛰기(skip)를 할 수 있고 끝까지 보지 않으면 광고비가 청구되지 않는다(Dopson, 2020). 30초 이내의 광고에는 광고 전체를 봤을 때, 긴 광고에는 30초까지 봤을 때 그리고 이용자가 상호작용을 했을 때만 광고비가 부과된다. 이용자는 관심 있는 동영상을 선택할 수 있고 광고주는 노출 횟수에 따라 광고비를 지불하지 않아도 되기 때문에 양쪽이 트루뷰 광고를 선호하는 편이다. 건너뛸 수 있는 광고와 범퍼 광고가 데스크톱, 휴대기기, TV, 게임 콘솔에서 연이어 재생되게 설정할 수도 있다. 맞춤 설정이 자유롭고 도달 범위가 넓은 것도 트루뷰 광고의 장점이다.

게시 위치: 건너뛸 수 있는 동영상 광고는 시청자가 원하는 경우 5초 후에 건너뛸 수 있음. 기본 동영상 전후 또는 중간에 삽입됨.

플랫폼: 데스크톱 및 휴대기기, TV, 게임 콘솔

사양: 동영상 플레이어에서 재생

[그림 11-3] 건너뛸 수 있는 동영상 광고

넷째, 건너뛸 수 없는 동영상 광고(Non-skippable video ads)다. 기본 콘텐츠의 앞뒤나 중간에 삽입되는 이 광고는 5초에서 30초의 광고를 끝까지 봐야 콘텐츠를 시청할 수 있다. 건너뛸 수 없는 동영상 광고는 데스크톱과 휴대기기의 동영상 플레이어에서 재생된다. 예컨대, 영상 콘텐츠가 나오기 전에 5초 동안 강제 노출되는 프리롤(pre-roll) 동영상 광고는 동영상 조회 수가 아닌 생성된 총 클릭 수에 대해서만 광고비를 지불하면 된다. 이 광고에는 클릭당 비용이 청구되기 때문에 링크를 클릭시켜 사이트를 전환하고자 할 때 효과적이다. 그리고 유튜브의 구독자를 늘리고자 할 때도 비용 대비 효율성이 높다.

게시 위치: 건너뛸 수 없는 동영상 광고가 나타나면 광고를 모두 시청해야 동영상 시청이 가능함. 이 광고는 기본 동영상 전후 또는 중간에 삽입됨.

플랫폼: 데스크톱 및 휴대기기

사양: 동영상 플레이어에서 재생(지역 기준에 따라) 15초 또는 20초

[그림 11-4] 건너뛸 수 없는 동영상 광고

다섯째, 범퍼 광고(Bumper ads)다. 최대 6초 길이의 건너뛸 수 없는 동영상 광고로, 범퍼 광고를 시청해야 기본 콘텐츠를 볼 수 있다. 최근 유튜브 광고에서 건너뛸 수 없는 6초 길이의 범퍼 광고가 가장 자주 눈에 띈다. 설정하기에 따라 건너뛸 수 있는 광고와 범퍼 광고를 데스크톱, 휴대기기, 동영상 플레이어에서 연속으로 재생할 수도 있다. 2016년에 등장한 범퍼 광고는 거부감이 비교적 낮고, 광고를 제작하기 쉽고, 같은 광고비로 노출을 더 많이 할 수 있다는 장점이 있다. 원작 광고를 6초로 재편집해 활용하거나 처음부터 6초로 제작해 기대감을 높이는 티저 광고로 활용해도 좋다(BARUM, 2020). 노출 1,000회당 광고비를 매기는 CPM 방식이므로 광고비가 저렴한 편이다.

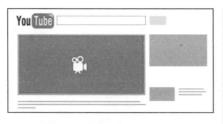

게시 위치: 최대 6초 길이의
건너뛸 수 없는 동영상 광고
로, 이 광고를 시청해야 동영
상 시청이 가능함.

플랫폼: 데스크톱 및 휴대기기

사양: 동영상 플레이어에서
재생, 최대 길이 6초

[그림 11-5] 범퍼 광고

유튜브 영상을 보려면 6초의 범퍼 광고를 봐야 하므로 단순
노출 효과가 발생해 기업명이나 브랜드 인지도를 높이는 데도
도움이 된다. 짧은 6초 안에서 어떻게 이용자의 관심을 끌어 무
슨 메시지를 전달할 수 있을지 의문을 제기할 수도 있겠지만,
내용의 창의성 수준이나 활용 여부에 따라 6초면 충분한 시간
이 될 수도 있다. 6초의 미학을 살리기 위해 구글이 추천하는
크리에이티브 기법은 무엇일까? 6초의 미학이라는 범퍼 광고
의 효과를 높일 수 있는 방안에는 다음과 같은 여섯 가지가 있
다(아웃사이트, 2019).

- 시간을 나눠 보자. 전체 맥락은 유지하면서 시점의 변화나
  메시지 요소를 넣어 시간을 나누면 효과적이다. 6초를 광

제3부 기후변화를 주도하는 디지털 광고

고 내용에 따라 2초씩 3개, 3초씩 2개, 2초 1개와 4초 1개의 프레임으로 나누면 6초 동안 지루하지 않게 메시지를 전달할 수 있다.

- 연계와 확산을 시도해 보자. 캠페인 시점이나 타깃에 알맞게 메시지를 구성해야 한다. B컷을 활용해 다른 채널에서도 볼 수 있도록 하는 연계 방안도 모색해야 하고, 티저 형식의 범퍼 광고를 활용해 메시지의 확산을 시도해야 한다.

- 맥락을 고려해 보자. 6초 동안 단순한 짧은 메시지를 전달하기보다 누구나 이해할 수 있는 맥락을 고려한 영상을 제작해야 한다.

- 음악을 절묘하게 활용해 보자. 영상에 알맞게 끌림을 유발하는 음악을 선택해야 한다. 속도감 있는 음악이나 브랜드 정체성에 알맞은 징글(jingle)을 활용하는 것도 좋다.

- 스틱의 원칙을 구사해 보자. 스틱(stick)이란 평생 기억에 남는 말, 사지 않고는 못 견디게 만드는 광고 메시지, 마음을 사로잡는 이미지 같은 사람의 뇌리에 꽂히는 현상을 뜻한다(칩 히스, 댄 히스, 2009).[1] 신박한 카피 한 줄이나 감동적인 영상의 한 장면이 스티커 메시지가 되도록 해야 한다.

---

1) 칩 히스와 댄 히스는 『스틱』(2009)에서 어떤 메시지가 1초 만에 착 달라붙는 '스틱'이 되는데 필요한 6가지 원칙을 제시했다. 즉, 단순성(Simplicity), 의외성(Unexpectedness), 구체성(Concreteness), 신뢰성(Credibility), 감성(Emotion), 스토리(Story) 같은 6가지가 사람의 뇌리에 착 달라붙는 스티커 메시지를 만드는 6가지 원칙이다.

- 모바일 환경에 최적화시켜 보자. 모바일 디바이스에 최적화된 콘텐츠를 만들어야 광고 창작물의 효과를 높일 수 있다. 유튜브는 창작자와 이용자 간의 커뮤니티 플랫폼이기 때문에 모바일에 최적화된 표현물은 언제나 중요할 수밖에 없다.

여섯째, 스폰서 카드(Sponsored cards)다. 동영상에 포함된 제품 등 동영상과 관련된 콘텐츠가 스폰서 카드에 표시됨으로써 광고 효과를 발휘한다. 동영상 오른쪽 상단의 아이콘을 클릭해 다양한 크기의 카드를 탐색할 수 있고, 데스크톱과 휴대기기에서 재생할 수 있다. 카드의 크기는 다양하며 PNG, GIF,

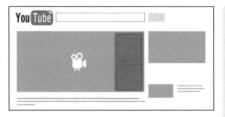

게시 위치: 스폰서 카드에는 동영상에 포함된 제품 등 동영상과 관련되는 콘텐츠가 표시됨. 카드의 티저가 몇 초간 표시되며, 동영상 오른쪽 상단의 아이콘을 클릭해 카드를 탐색할 수 있음.

플랫폼: 데스크톱 및 휴대기기

사양: 카드 크기는 다양

[그림 11-6] 스폰서 카드

제3부 기후변화를 주도하는 디지털 광고

JPG 파일로 세팅할 수 있다. 스폰서 카드에서 다른 동영상과의 교차 참여를 이용자에게 유도할 수도 있다. 스폰서 카드는 눈에 잘 띄기 때문에 이용자의 행동 유발에 효과적이다. 광고가 아닌 일반 동영상에도 삽입할 수 있고 별도의 추가 비용이 없다는 점도 스폰서 카드 광고의 기대 효과다.

유튜브 광고의 운영 전략

유튜브 광고의 효과를 높이려면 이용자가 언제, 어디서, 어떻게 광고 메시지에 접촉하는지를 분석하고, 광고 운영 전략을 정교하게 수립해야 한다. 이때 마케팅 목표의 설정, 광고 입찰 전략의 검토, 광고 상품의 선정 그리고 맞춤형 타기팅이 필요하다. 유튜브 광고의 운영 전략은 기존보다 상당히 복잡하다.

[그림 11-7] 유튜브 광고 청약의 초기 화면

운영 전략에 광고를 예약할 것인지 경매에 참여할 것인지도 반영해야 한다. 유튜브 광고는 청약 방식에 따라서도 예약형 광고와 경매형 광고로 구분한다.

첫째, 예약형 광고는 구글의 애드워즈 시스템에서 입찰에 참여하는 광고와는 달리 사전에 예약해 구매하는 방식이다. 예약형 광고에는, ① 유튜브 홈페이지의 최상단에 게시되는 마스트헤드(Masthead), ② 유튜브 홈페이지의 최상단에 게시되는 것은 마스트헤드와 같지만 원하는 타깃 구간을 원하는 노출량만큼만 점유하는 CPM 마스트헤드, ③ 텔레비전 방송사와 웹 콘텐츠 채널에서 선별한 유튜브 영상 페이지에 광고하는 프라임 팩(Prime Pack), ④ 어린이를 위한 맞춤 앱에 광고하는 유튜브 키즈(YouTube Kids)가 있다(롤로이, 2020. 3.).

둘째, 경매형 광고는 애드워즈 시스템(www.adwords.google. com)에서 실시간 입찰에 참여하는 광고다. 1,000명당 광고비

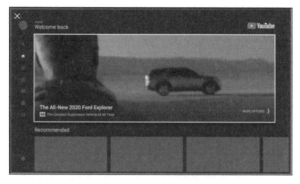

[그림 11-8] 마스트헤드 광고의 예

　제3부 기후변화를 주도하는 디지털 광고

(CPM) 방식의 입찰 광고에는, ① 건너뛸 수 없는 6초 이하 광고인 범퍼 광고(Bumper ads), ② 건너뛸 수 있는 CPM 기반의 인스트림 광고로 유튜브 영상 시청 페이지에 노출되는 트루뷰 포리치(Trueview for Reach), ③ 유튜브 영상 시청 페이지에 노출되며 건너뛸 수 없는 15초 광고(Non-skippable ads), ④ 머신러닝으로 자동 조합해서 원하는 조회 수나 목표를 달성해 주는 비디오 리치 캠페인(Video Reach Campaign)이 있다.

시청당 광고비(CPV) 방식의 입찰 광고에는, ① 노출된 지 5초가 지나면 화면 오른쪽 하단에 '광고 건너뛰기' 표시가 나타나고 광고를 건너뛰면 광고비가 부과되지 않는 트루뷰 인스트림(TrueView In-stream), ② 유튜브 영상 시청 페이지의 '추천영상' 부분이나 구글의 디스플레이 네트워크 영역에 노출되어 이용자가 자발적으로 클릭해서 보는 트루뷰 디스커버리(TrueView Discovery), ③ 디스커버리 광고를 유튜브의 구독 목록 하단에

[그림 11-9] **트루뷰 디스커버리 광고의 예**

배너 형태로 끼워 넣는 것으로 이미지나 세로형도 가능한 유튜브 홈피드(YouTube Home Feed), ④ 트루뷰 인스트림과 범퍼 광고의 노출 순서를 정할 수 있고 이용자 행동에 따라 후속 영상의 노출도 설정할 수 있는 비디오 애드 시퀀싱(Video Ad Sequencing: VAS)이 있다(롤로이, 2020. 4.).

셋째, 타깃 전환당 비용형(tCPA)이나 전환당 비용 최적화형(Max CV)의 입찰 광고는 직접적인 소비자 행동을 유도하는 데 효과적이며 다음과 같다. ① 트루뷰 포 액션(TrueView for Action)은 트루뷰 광고처럼 건너뛸 수 있고 특정한 검색 키워드와 관심사를 겨냥해 광고를 집행할 수 있다. 이용자는 행동 요청(Call to Action) 영역, 버튼 삽입 배너 영역, 엔드 스크린 영역을 실시간으로 클릭할 수 있으며, 광고비는 CPM 방식으로 과금된다. ② 트루뷰 포 액션 폼 광고(TrueView for Action Form Ads)는 이용자가 광고를 보고 나서 브랜드나 이벤트에 관심이

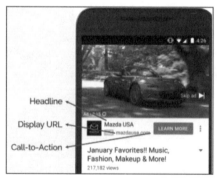

[그림 11-10] **트루뷰 포 액션 광고의 예**

제3부 기후변화를 주도하는 디지털 광고

생겨 이름, 전화번호, 이메일 같은 개인정보를 남길 수 있는 광고다. 이용자의 자발적인 참여를 유도하는 캠페인에 적합하고 이용자 정보도 수집할 수 있다. ③ 인앱 액션 캠페인(In-App

〈표 11-1〉 유튜브 광고의 운영 전략

광고 목표	입찰 전략	광고 상품		타깃팅
인지도 제고	CPD CPM	예약형 동영상 • 마스트헤드 • CPM 마스트헤드 • 프라임 팩 • 유튜브 키즈	경매형 동영상 • 범퍼 광고 • 트루뷰 포 리치 • 건너뛸 수 없는 광고 • 비디오 리치 캠페인	• 위치, 시간대, 기기 • 인구통계 • 상세한 인구통계 • 관심 분야 • 맞춤 관심 분야 • 수용자 확장

선호도
제고
	CPV	경매형 동영상
		
		• 트루뷰 인스트림
		• 트루뷰 디스커버리
		• 유튜브 홈피드
		• 비디오 애드 시퀀싱
			클릭 유도 기능
			
			• 클릭 유도 카피로
			  광고 확장
			• 연결 동영상으로
			  광고 확장
				• 생활 이벤트
				• 계절 이벤트
				• 구매 의도
				• 주제
				• 키워드
				• 게시 위치

전환율
제고
	tCPA
	Max CV
		경매형 동영상
		
		• 트루뷰 포 액션
		• 트루뷰 포 액션 폼
		  광고
		• 인앱 액션 캠페인
			클릭 유도 기능
			
			• 사이트 링크 광고
			  확장
				• 맞춤 구매 의도
				• 유사 잠재 고객
				• 리마케팅
				• 고객 일치

			디스플레이/검색	완전 깔때기 (Full Funnel)
			• 디스커버리 • 유튜브 킨색용 애드 센스(AFS)	• 시작 조건 • 고객과 수용자 • 결합 수용자

출처: 롤로이(2020)를 바탕으로 재구성

Action Campaigns)은 유튜브에 이벤트 앱을 만들어 캠페인 활동을 전개하는 경우다. 액션 캠페인과 앱 캠페인을 별도로 전개하거나 통합적으로 전개할 수 있다.

이상에서 소개한 광고 유형 말고도 유튜브 광고에는 클릭을 유도하는 기능이 많다. 클릭을 유도하는 카피로 광고 확장, 연결 동영상으로 광고 확장 그리고 사이트 링크 광고 확장이 대표적이다. 웹사이트의 세부 페이지로 바로 이동시키는 사이트 링크 광고 확장은 원하는 세부정보를 입력해 이용자의 방문을 유도하며 최대 여섯 개까지 늘릴 수 있다. 광고 확장을 해서 클릭률을 약 15% 높일 수도 있는데 추가 설정에 비용은 들지 않는다. 구글 디스플레이 광고(Google Display Network: GDN)나 검색 광고도 중요하다. 이용자들이 자발적으로 클릭해서 보는 디스커버리(Discovery)나 유튜브 검색용 애드센스(AdSense for Search: AFS)가 대표적이다. 검색용 애드센스는 데스크톱이나 모바일 웹의 유튜브 검색 결과 페이지에 구글의 검색 광고를 노출할 수 있다.

청약 방식에 따른 유튜브 광고 유형을 살펴봤으니 과금 혹은 입찰 방식을 알아보자. 크게 세 가지 방식으로 광고 입찰이 진행된다. 먼저, 가장 일반적이고 보편적인 CPM(Cost Per Mille, 광고 노출 1,000번당 지불하는 광고비, 광고비÷노출 횟수×1,000) 방식과 CPD(Cost Per Day, 1일 고정 광고 시 단가) 방식이 있다. 광고 위치가 좋을수록 특수 상품일수록 CPM 단가가 높아진다.

다음으로, CPV(Cost Per View, 광고 1회 시청당 지불하는 광고비) 방식이 있다. 날짜나 시간 구간에 따라 금액이 정해지며 트루뷰 광고가 대표적이다. 마지막으로, 광고를 클릭하고 들어온 이용자가 회원 가입, 장바구니 담기, 이벤트 참여, 제품 구매, 파일 다운로드 같은 광고주가 원하는 고객 행동을 완료할 때마다 광고비를 정산하는 CPA(Cost Per Action, 1인당 참여 단가, 광고비÷행동 건수)를 더 발전시킨 tCPA(타깃 CPA) 방식이 있다. 이용자의 행동 결과에 따라 광고비를 지불하는 이 방식은 목표 금액을 미리 설정하고 범위 내에서 최대한 많은 전환을 유도한다. 그리고 이용자의 구매, 회원 가입, 자료 요청 같은 웹사이트의 목표 성과의 달성 수준에 따라 광고비를 지불하는 전환당 비용 최적화(Max Conversion & View-Through Conversion: Max CV) 방식도 있다.

유튜브 광고를 하려면 타기팅을 위한 핵심 정보도 사전에 선택해야 한다. 이용자의 위치와 시간대 및 기기, 상세한 인구통계, 맞춤 관심 분야, 수용자 확장에 따라 알고리즘이 자동적으로 작동한다. 생활 이벤트, 계절 이벤트, 구매 의도, 주제, 키워드, 게시 위치는 물론 맞춤 구매 의도, 유사 잠재 고객, 리마케팅, 고객 일치에 따라서도 타기팅 알고리즘이 작동한다. 그리고 고객이 유입되어 전환하는 단계를 파악할 수 있도록 시작 조건, 고객과 수용자, 결합 수용자의 상황을 반영한 완전 깔때기(Full Funnel) 전략을 기업 관점에서 재구성해야 한다.

내 광고를 더 잘 보이게 하려면

갈수록 경쟁이 치열하게 전개되고 있는 마케팅 환경에서 유튜브의 동영상 광고가 상위에 노출되고 시청 수를 높이는 문제가 초미의 관심사가 되었다. 사람들에게 메시지를 전달하는 데 있어서 영상만큼 강력한 것은 없는데, 유튜브는 영상 미디어의 총아(寵兒)인 셈이다. 유튜브 광고가 상위에 노출되고 시청 수를 높이려면 무엇을 어떻게 해야 할까?

무엇보다 유튜브 광고의 여섯 가지 유형과 유튜브 광고의 청약 방식을 숙지해야 한다. 기존에는 창의적인 광고물을 만들어 미디어의 특성에 알맞게 배분해 효율을 높이면 되었다. 그러나 유튜브 광고에서는 예약형과 경매형 중 무엇을 어떻게 청약할지도 결정해야 한다. 단순히 창의적인 광고를 만들어 미디어에 노출한다고 해서 효과를 담보하기 어렵다는 뜻이다. 유튜브 광고를 상위에 노출되게 하는 방법도 연구해야 한다.

광고를 상위에 노출되게 하려면 핵심 키워드(카피)를 제목, 설명 문구, 태그에 포함시켜야 한다. 이용자가 그 단어를 검색하면 유튜브의 검색엔진이 돌아가며 동영상 광고에 포함된 키워드를 일치(matching)시키는데 제목, 설명 문구, 태그에 그 단어가 포함되어 있어야 검색이 되기 때문이다(임현재, 2018). 광고 영상의 썸네일과 제목을 잘 짓는 것도 효과를 높이는 방안이다. 유튜브 광고에 대해 더 깊이 이해할수록 내 광고를 더 잘 보이게 하는 방안을 찾을 수 있을 것이다.

핵심 체크

치열한 경쟁 환경에서 유튜브의 동영상 광고가 상위에 노출되고 시청 수를 높이는 문제가 초미의 관심사가 되었다. 메시지를 전달하는 데 있어서 영상만큼 강력한 것은 없다. 유튜브 광고가 상위에 노출되고 시청 수를 높이려면 무엇보다 유튜브 광고의 여섯 가지 유형과 유튜브 광고의 청약 방식을 숙지해야 한다.

12
디지털 사이니지의
파노라마

디지털 기술은 이전에 없던 새로운 광고 유형을 창조한다. 디지털 사이니지는 디지털 기술이 발달하며 등장한 디지털 미디어의 총아다. 1세대(신문), 2세대(라디오, 영화), 3세대(텔레비전), 4세대(컴퓨터), 5세대(스마트폰, 인터넷, 모바일)라는 미디어의 발전 과정으로 보면 디지털 사이니지는 6세대에 해당된다. 1~4세대까지의 독립 미디어와 달리 5세대 이후의 융합 미디어는 문자와 영상 및 음성을 모두 활용해 수용자의 참여를 유도하는 차세대 융합 미디어로 손꼽히고 있다.

1987년에 전통적인 옥외광고 영역에서 국내 최초로 옥상 전광판이 구축되었고, 2000년대 초반부터 옥외광고 분야에 디지털 사이니지가 본격적으로 등장했다. 이제 교통수단을 비롯한 모든 공간에서 옥외광고의 디지털화가 진행되고 있다. 아날로그 방식의 옥외광고 대체 수단으로 출발했던 디지털 사이니지는 도시 환경과 일상생활에 급속히 확산되고 있다. 언제 어디에서나 기능을 발휘하는 광고 매체로 부상한 것이다. 파노라마처럼 화려하게 펼쳐지는 디지털 사이니지의 세계로 들어가 보자.

시선 사로잡는 새로운 광고

디지털 사이니지는 하드웨어, 미디어, 콘텐츠 산업이라는 3대 분야를 통해 엄청난 산업의 규모를 형성하고 있다. 하드웨어 가격이 하락하자 디지털 사이니지 산업의 성장 속도도 빨라지며, 규모의 경제로 성장하고 있다(유승철, 2016). 그동안 학계나 기업에서는 디지털 사이니지의 개념을 다양한 맥락에서 정의해 왔다. 디지털 사이니지(digital signage)란 정보를 효과적으로 전달하기 위해 공공장소나 상업 지역 같은 옥외 공간에 네트워크로 원격 제어하는 디스플레이를 설치해 콘텐츠를 제공하는 디지털 미디어다(심성욱, 2013). 고객 경험을 유도할 양방향의 대화형 맞춤형 서비스로 공공장소에서 방송과 광고, 특정 정보를 제공하는 디지털 영상 장치를 디지털 사이니지라고 정의하기도 한다(정효택, 윤기송, 손욱호, 2014). 여러 관점을 종합하면 일상에서 쉽게 접하는 안내표시나 광고판을 기존과 다른 형태로 디지털 디스플레이에 노출하는 미디어가 디지털 사이니지라고 할 수 있다.

법적 측면에서는 2016년 1월에 「옥외광고물 등의 관리와 옥외광고산업 진흥에 관한 법률(옥외광고물법)」을 개정했고, 디지털 디스플레이를 이용해 정보와 광고를 제공하는 것을 디지털 사이니지라고 정의했다. 디지털 사이니지는 다음과 같은 다섯 가지 특성이 있다.

- 옥외 공간에 설치되는 공공 미디어
- 정보통신기술과 디지털 디스플레이를 포함한 뉴 미디어
- 양방향의 맞춤형 정보를 제공하는 디지털 미디어
- 공공장소나 상업 공간에서 문자와 영상 정보를 디스플레이 화면에 전달하는 방송통신의 결합 미디어
- 모든 첨단 기술이 융합되는 차세대 융합 미디어

디스플레이 기술에 따라 변화를 거듭해 온 디지털 사이니지는 3세대를 거치며 발전해 왔다(천용석, 2016). 제1세대는 단순 노출형(one way)이었다. 기존의 아날로그 광고판을 디지털 디스플레이 장치로 바꿔, 영상 정보만 송출하는 단방향 영상 기기에 메시지를 전송하던 시기였다. 이때는 LCD 모니터로 변환된 전광판에 광고 메시지, 뉴스 정보, 안내 영상을 전송하는 데 치중했다. 제2세대는 상호작용형(interactive)이었다. 이 시

기에 소비자는 중앙에서 관리하는 터치스크린을 조작해 매체사와 양방향으로 소통했고, 키오스크(kiosk, 무인정보 단말기)를 활용해 실시간으로 정보를 주고받았다. 제3세대는 상황인지형(context aware)이다. 미래형 하드웨어, 통신 서비스, 모바일, 클라우드 같은 핵심 기술이 융합되었다. 상황을 인지하는 첨단 기술로 소비자에게 맞춤형 광고를 제공하는 융합형 디지털 사이니지가 가능해졌다.

코카콜라에서 진행한 3D로봇 옥외광고는 디지털 사이니지의 발전 과정에서 정점을 찍었던 사례다. 2017년 8월, 뉴욕의 타임스스퀘어에 이전에 없던 새로운 디지털 사이니지 광고가 설치되었다. 1,760개의 LED 스크린으로 제작된 코카콜라의 3D 입체 광고가 6층 높이의 240㎡ 화면에 노출되며 장관을 연출했다. 1,760개의 전광판 모듈이 각각 움직이도록 컴퓨터로 제어하는 이 광고는 디지털 사이니지의 진화를 보여 주었다.

코카콜라는 3D로봇 옥외광고 캠페인을 진행하며 현장에 팬들을 초대해 다양한 판촉 활동을 진행했다. 맨해튼 거리를 오가던 30여만 명의 소비자들은 변화무쌍한 광고를 보며 다감각(multi-sensory) 체험을 했다고 한다. 이 캠페인은 기네스북에 '세계에서 가장 큰 3D로봇 옥외광고' 부문과 '세계 최초의 3D로봇 옥외광고' 부문에 동시에 등재되었다(Guinness World Records, 2017). 이처럼 디지털 사이니지는 옥외광고에 새로운 크리에이티브 기법을 접목하면서 디지털 옥외광고의 영토를

[그림 12 1] 뉴욕 타임스스퀘어 코카콜라 3D루프 디지털 사이니지(2017)

12 디지털 사이니지의 파노라마

계속해서 확장하고 있다.

디지털 사이니지의 일곱 가지 유형

디지털 사이니지의 유형은 기준에 따라 여러 가지로 분류할 수 있다. 디스플레이 소재의 특성, 디지털 콘텐츠여 목적, 통신 네트워크의 적용 방식, 소비자의 콘텐츠 이용 방식, 설치 장소, 디스플레이 방식, 노출 형태 등 일곱 가지 기준에 따라 디지털 사이니지의 유형을 구분해 보면 다음과 같다.

첫째, 디스플레이 소재의 특성에 따라 LED, LCD, 프로젝션, 홀로그램 디지털 사이니지로 구분한다. 햇빛과 기온이나 습도를 잘 견디는 LED는 주로 옥외에서, LCD는 실내 환경에서 주로 활용된다. 2018년에 코엑스 밀레니엄 광장에 설치된 기둥 사이니지는 실외용 LED를 실내에 구축한 국내 최초의 사례다.

둘째, 디지털 콘텐츠의 목적에 따라서도 구분한다. 공공 정보나 편의를 제공하는 공공 디지털 사이니지가 있고, 상품 정보를 제공해 마케팅 활동을 지원하는 기업 디지털 사이니지도 있다. 공간의 미적 가치를 높이는 예술성 디지털 사이니지도 있고, 비상시에 긴급 정보를 제공하는 알림 디지털 사이니지도 있다.

셋째, 통신 네트워크의 적용 방식에 따라서도 구분한다. 유

제3부 기후변화를 주도하는 디지털 광고

무선 통신으로 미디어를 원격 제어해 여러 곳에 동시에 노출하는 네트워크형 디지털 사이니지나 개별 공간에서 별도로 운영되는 독립형 디지털 사이니지도 있다. 독립형 디지털 사이니지는 여러 곳이 아닌 특정 공간에 효과를 집중시킬 때 주로 활용된다.

넷째, 소비자의 콘텐츠 이용 방식에 따라 일방향, 양방향, 모바일 결합형으로도 구분한다. 옥외광고처럼 불특정 다수에게 보내는 일방향 디지털 사이니지와 소비자와 정보를 주고받는 양방향 디지털 사이니지가 있다. 스마트폰에서 주고받는 개인의 메시지를 공공장소에 표출하는 모바일 결합형 디지털 사이니지도 있다.

다섯째, 설치 장소에 따라 건물 외벽에 콘텐츠를 제공하는 외벽형과 건물 실내 벽에 스크린을 설치하는 내벽형으로 구분한다. 교통시설, 다중 집객시설, 옥외 지역이 디지털 사이니지 스크린의 설치 공간이다.

여섯째, 디스플레이 방식에 따라서도 구분한다. 공공장소에 정보를 일방적으로 노출하는 플랫 패널(flat panel)형, 미디어 폴(media pole, 도로 표지판을 한곳에 모으는 디지털 시설물)처럼 쌍방향 소통이 가능한 터치 패널(touch panel)형, 그리고 대형 건물의 벽면에 영상 메시지를 전달하는 미디어 파사드(media facade)형이 있다.

일곱째, 노출 형태에 따라서도 구분한다. 역에 설치된 디지털 뷰처럼 지하철의 정보를 파악하는 단순 터치형이나 매장의 터치스크린처럼 관련 정보를 소비자들이 직접 확인하는 상호작용 터치형도 있다.

삼성전자는 디지털 사이니지의 여러 유형을 고려해 세계의 주요 랜드마크에서 '삼성 갤럭시 언팩 2019' 행사의 일환으로 한글을 활용한 디지털 사이니지 광고를 집행했다. 1월 초에 프랑스 파리의 콩코드 광장(Place de la Concorde)에서 첫 광고를 진행한 다음, 2월 11일(현지 시간)부터 미국 뉴욕의 타임스스퀘어(Times Square), 이탈리아 밀라노의 두오모 성당(Duomo di Milano), 스페인 마드리드의 카야오 광장(Plaza del Callao), 싱가포르의 히렌(The Heeren), 러시아 모스크바의 하이드로프로젝트(Hydroproject)에서 캠페인을 진행했다. "미래를 펼치다" 혹은 "이월 이십 일" 같은 한글 카피를 역동적인 디지털 사이니지 영상으로 표현했다. 삼성전자가 해외에서 처음 진행한 한글 옥외광고였는데, 이 캠페인은 모바일 산업의 강자인 삼성의 자부심을 과시하기에 충분했다. 한글을 모르는 세계의 소비자는 한글 카피의 뜻을 알아보려고 현장에서 스마트폰으로 검색했을 것이다.

제3부 기후변화를 주도하는 디지털 광고

[그림 12-2] 파리 콩코드 광장의 삼성전자 디지털 사이니지(2019)

[그림 12-3] 밀라노 두오모 성당의 삼성전자 디지털 사이니지(2019)

[그림 12-4] 뉴욕 타임스스퀘어의 삼성전자 디지털 사이니지(2019)

12 디지털 사이니지의 파노라마

효과적이지만 초기 설치비 많아

디지털 사이니지 광고는 아날로그 옥외광고와 비교했을 때 장점도 많지만 단점도 있다. 소비자 측면, 광고 사업자 측면, 사회문화적 측면에서 그 장단점을 살펴보기로 하자. 자세한 내용은 〈표 12-1〉에서 확인할 수 있다(심성욱, 박현, 2012).

첫째, 소비자 측면이다. 하나의 디스플레이에 고화질의 디지털 광고를 송출함으로써 운영의 효율성을 높이고, 고정된 이미지 광고나 동영상 광고 모두 자유롭게 노출해 전달력을 높인다는 점은 디지털 사이니지의 장점이다. 영상 콘텐츠를 대화면에 제공하면 소비자는 역동적인 감정을 체험하고 광고와 상호작용하며 재미를 느낄 수 있다. 반면, 하나의 디스플레이에 많은 정보가 등장해 광고 메시지를 쉽게 식별하기 어렵고, 동영상 광고에서 순간적인 정보를 파악하기 어렵다는 단점도 있다.

둘째, 광고 사업자 측면이다. 디지털 사이니지는 시간 제약이 없어 광고물을 바로 게시할 수 있고, 불특정 다수에게 노출되던 기존의 옥외광고와는 달리 타깃 데이터를 실시간으로 파악해 광고 효과 측정의 과학성을 높였다. 표출한 광고물을 관리하기 쉽고 광고주의 기술적인 요구 사항에도 손쉽게 대응할 수 있다는 것도 장점이다. 그러나 디지털 사이니지는 아날로그 옥외광고에 비해 초기 설치비용이 많이 들어 광고 사업자에게 부담을 준다. LED 규격에는 한계가 없지만 LCD는 제조사에서 정한 규격 내에서 설치해야 하므로 디스플레이의 크기나 사양에서도 한계가 있다.

셋째, 사회문화적 측면이다. 디지털 사이니지는 기존의 아날로그 옥외광고와는 달리 석유화학 폐기물을 감소시키기 때문에 자원을 절약하고 환경을 보호할 수 있다. 긴급한 재난 정보를 손쉽게 표출함으로써 신속한 대국민 홍보를 할 수 있고, 도시 경관을 정비하고 디지털 문화를 조성하는 데도 기여하는 것은 장점이다. 그러나 디지털 사이니지를 제대로 관리하지 않으면 밝기 조절에 실패해 빛 공해를 일으키거나 도시 미관을 해칠 수 있다. 또한 송출 시스템이 해킹되면 공공장소에 불법 콘

〈표 12-1〉 디지털 사이니지 광고의 장점과 단점

구분	장점	단점
소비자 측면	• 대화면 영상 콘텐츠, 동적 임팩트 경험 • 상호작용을 통한 재미와 경험 • 생활의 편리함과 경제적 혜택	• 정보가 많고 사용이 불편 • 순간적인 정보파악 어려움
광고 사업자 측면	• 다수의 광고(콘텐츠) 운영 가능 • 콘텐츠의 표출과 관리가 용이 • 광고주 요구에 기술적 대응 가능 • 효과 측정 가능	• 초기 투자 비용 부담 • 디스플레이의 크기, 사양 등의 한계
사회 문화적 측면	• 자원 절약, 환경 보호(지류, 석유화학 폐기물 축소) • 긴급 재난 정보 송출, 대국민 홍보 • 도시정비와 디지털 문화 조성에 기여	• 관리 부재 시 빛 공해 사회 문제 야기

텐츠가 기습적으로 노출되어 심각한 사회문제를 야기한다는
단점도 있다.

한국판 타임스스퀘어, 가능할까

우리나라에서 옥외광고와 디지털 사이니지의 위상은 2016년
에 급격히 신장되었다. 2016년에 「옥외광고물법」을 개정해 옥
외광고물 자유표시구역(Free Outdoor Advertising Zone)을 지정
했기 때문이다. 박근혜 정부의 행정자치부는 옥외광고산업을
진흥시켜 지역 경제를 활성화시키고 일자리를 창출한다는 취
지에서 옥외광고 특구 사업을 시작했다. 2016년 12월에 서울
시 강남구 영동대로 코엑스 일대가 제1호 옥외광고물 자유표
시구역으로 지정되었다.

한국판 타임스스퀘어인 옥외광고물 자유표시구역은 디지털
사이니지를 적용해 각 지역에 랜드마크를 구축하는 사업이나
다름없다. 삼성역의 개찰구를 통과해 코엑스로 진입하는 경로
에 설치된 거의 모든 매체가 디지털화를 완료했다. 코엑스몰,
전시관 동측 크라운 미디어, SM타운 외벽, 밀레니엄 광장 기둥,
현대백화점 벽면에도 이미 디지털 사이니지의 기반 시설이 구
축되었다. 삼성동의 옥외광고물 자유표시구역 전체에 미디어
아트가 표출되는 범위가 계속 확장될 것이다.

[그림 12-5] 코엑스 일대의 디지털 사이니지(2019)

옥외광고물 자유표시구역이 도시의 랜드마크로 성장하기 위해서는 운영 기관에서 컨트롤타워 역할을 강화하고, 세계적인 수준의 도시를 만들기 위한 협력의 네트워크를 구축해야 한다. 초기 투자 기업에 인센티브를 제공하고, 민간 자문그룹과 시민의 참여를 활성화하는 방안을 모색하는 문제도 중요하다(신일기, 2016). 삼성동의 옥외광고물 자유표시구역에 가보면 이전에 없던 초대형 디지털 사이니지 광고들을 볼 수 있다. 삼성 전자의 갤럭시 노트를 비롯한 글로벌 브랜드 광고물이 광고주나 소비자로부터 호평을 받고 있다. 옥외광고물 자유표시구역이 지정됨으로써 앞으로 디지털 사이니지 광고는 그 영역을 더욱 확장할 것으로 기대된다.

디지털 사이지니의 미래

디지털 사이니지는 3대 미디어 스크린인 텔레비전, 인터넷, 모바일 기기에 이어 제4의 스크린으로 떠올랐다. 디지털 사이니지 광고는 언제 어디에서라도 브랜드를 노출하며 소비자들과 24시간 동안 양방향으로 소통할 수 있다(Schaeffler, 2008). 최근에는 제작비는 낮아지고 품질은 더 고급스러워진 고화질의 대형 디지털 사이니지가 등장했다. 절대적인 광고 노출 시간보다 노출 시간이 짧아도 특정 장소에서 광고가 얼마나 세련되게 노출되는지도 중요해졌다. 앞으로 첨단 기술이 더해질수록 디지털 사이니지가 생활밀착형 미디어로 자리 잡는 일은 시간문제다.

옥외광고물 자유표시구역은 어떤 구역에 가치와 의미를 부여해 창의적인 경험을 창출하는 공간이 될 때 관광 명소로 발전할 수 있다. 코엑스 일대가 시범 사업을 넘어서 미국 뉴욕의 타임스스퀘어나 영국 런던의 피카딜리 서커스(Piccadilly Circus)처럼 관광 명소로 자리 잡을 수 있도록 방안을 찾는 것이 우리 앞에 남겨진 과제다. 전광판이 크다고 해서 소비자의 주목을 끄는 것은 아니다. 물리적 공간이 사람들의 체험 공간이 되도록 구현하고, 광고의 소비 공간에서 사람들이 즐기는 문화 공간이나 지역의 명소로 탈바꿈시키는 발상의 전환이 더 시급해졌다.

디지털 사이니지는 모든 디지털 매체의 특성을 모으는 접점이라는 특성을 지니고 있어 미디어 간 경계가 허물어지는 융합 미디어 시대에 적합하다. 옥외광고물 자유표시구역은 초대형 투자 사업이라 언론사나 대기업에서 주로 참여하는 구조인데, 이 때문에 중소 옥외광고 사업자의 불만도 많았다. 따라서 관련 정부 부처에서는 중소기업을 배려하고 지원책도 모색해야 한다. 나아가 상업용 콘텐츠 외에도 공익 콘텐츠의 노출 빈도를 높여 옥외광고물 자유표시구역에서 공공성을 제고하는 방안도 고민해야 한다.

디지털 사이니지 광고는 앞으로 옥외광고 분야의 패러다임을 완전히 바꿀 것이다. 나아가 변종의 광고 형태도 다채로운 모습으로 등장할 것이다. 외국의 옥외광고 회사들은 빅데이터를 활용하거나 소셜 미디어와 연동하는 디지털 사이니지 광고도 선보이고 있다. 우리도 더 늦기 전에 디지털 사이니지의 새로운 광고 기법을 개발해야 하며, 더 과학적인 광고 효과 측정 방법도 마련해야 한다. 이제 우리 모두가 디지털 사이니지가 견인해 가는 광고의 변모 과정을 경이롭게 지켜볼 일만 남았다.

> **☑ 핵심 체크**
>
> 디스플레이 기술에 따라 변화를 거듭해 온 디지털 사이니지는 3세대를 거치며 발전해 왔다. 제1세대는 단순 노출형(one way)이었다. 제2세대는 상호작용형(interactive)이었다. 제3세대는 상황인지형(context aware)이다. 미래형 하드웨어, 통신 서비스, 모바일, 클라우드 등 핵심 기술이 융합되었다.

13 미디어 파사드의 미술관 구현

　도시의 건물 전체를 거대한 캔버스로 활용하는 디지털 미술관이 늘고 있다. 프랑스의 소설가이자 문화부 장관이었던 앙드레 말로(Andre Malraux)가 제창한 '벽 없는 미술관'이 광고를 통해 실현될 가능성이 높아지고 있는 것이다. 앙드레 말로는 벽에 그림을 걸지 않고도 그림을 감상할 수 있는 미술관처럼 온 도시를 예술 작품으로 도배하자는 구상을 제안했다. 복제 예술품의 이미지로 가득 찬 '벽 없는 미술관'을 구축해 모든 시대의 모든 예술을 개인이 감상하고 소유할 수 있게 하자는 생각이었다(Malraux, 1954).

　앙드레 말로의 주장은 건물 전체를 거대한 캔버스로 활용하는 미디어 파사드가 등장하면서 현실화되고 있다. 건물 외관에 빛을 비춰 환상적인 이미지를 구현하는 미디어 파사드는 미디어아트로, 광고의 표현 기법으로도 주목받고 있다. 미디어 파사드는 디지털 사이니지나 '옥외광고물 자유표시구역'의 꽃이기도 하다. 대도시의 고층 건물 외벽은 밤이 되면 화려하게 다시 태어난다. 도시의 건물은 빛 체험의 캔버스가 되어 벽 없는 미술관을 다채롭게 펼쳐 나간다. 이런 맥락에서 미디어 파사드는 광고와 예술의 경계선에서 새로운 비상을 준비하고 있다.

예술 작품이 된 미디어 파사드

미디어 파사드(Media Facade)는 매체를 뜻하는 미디어와 건축물 외면의 중심부를 가리키는 프랑스어 파사드(Façade)의 합성어이다. 파사드는 얼굴이나 겉모양을 뜻하는 라틴어 파시에스(facies)에 그 어원이 있으며, 사람들이 건물을 볼 때 가장 눈에 띄는 입구의 정면을 파사드라고 한다. 건축물 외벽에 빛과 영상을 비추는 미디어 디스플레이가 건축물의 외피 역할을 하기 때문에 그 장면을 본 사람들은 건축물을 재해석하게 된다. 경우에 따라서 디지털 경관 조명, 미디어 보드, 미디어 월, 디지털 사이니지 같은 말과 미디어 파사드를 섞어 쓰기도 한다(이승지, 박현찬, 2016).

다시 말해서, 미디어 파사드란 건물 외관에 발광다이오드

(LED) 조명을 설치해 대형 스크린에 이미지나 영상을 구현하고 정보를 전달하는 기법인데, 이로 인해 도시의 건물은 미디어 기능을 하게 된다. 예술과 광고 마케팅 분야에서 두루 활용되는 미디어 파사드는 조명과 영상 및 정보기술이 결합된 첨단 기법이다. 나아가 미디어 파사드는 예술 콘텐츠를 새로운 디지털 기술로 변환시켜 공공예술(public art)이라는 기능도 하게 된다. 호주 오페라하우스의 미디어 파사드(2016)는 아름다운 공공예술의 극치를 보여 주고 있다. 미디어 파사드는 미디어아트와 공공예술 분야는 물론 광고, PR, 마케팅, 이벤트, 공연 같은 여러 분야로 그 쓰임새가 확장되고 있다.

[그림 13-1] 호주 오페라하우스의 미디어 파사드

출처: theculturetrip (2016)

프랑스의 리옹(Lyon)시에서는 1989년에 '빛 축제'를 개최해 쇠락한 도시를 살려냈는데, 미디어 파사드가 도시의 부활에 결정적인 영향을 미쳤다. 그 후 매년 12월 초에 열리는 이 축제에 참여하기 위해 전 세계에서 400여만 명의 관광객이 몰려든다고 한다. 해를 거듭할수록 미디어 파사드를 활용한 작품 수가 늘어나고 주제도 다양해지고 있다. 미디어 파사드를 예술로 승화시킨 다음부터 리옹시는 수많은 관광객을 유치하는 데 성공했다.

국내에서는 2004년에 서울 압구정동의 갤러리아백화점 명품관 벽에 미디어 파사드 디스플레이를 선보인 것이 첫 신호탄이었다. 갤러리아백화점은 LED 조명이 부착된 지름 83cm의 유리 디스크 4,330장을 써서 알록달록한 그림이 벽면에서 움직이는 장면을 연출함으로써, 파격적인 디자인 감각이 돋보이는 예술 작품이자 딱딱한 도시 건축물을 탈바꿈시킨 공공 미술의 걸작이라는 찬사를 받았다. 그 후 시청역 삼성화재빌딩, 역삼동 GS타워, 서울역 서울스퀘어, 신문로 금호아시아나 사옥 같은 여러 곳에 미디어 파사드가 빠르게 도입되어 이목을 끌었다. 세계 최대 규모인 서울스퀘어의 미디어 파사드는 빌딩을 리모델링한 다음부터 지금까지 일몰 후 매시 정각에 15분씩 미디어 파사드를 노출하고 있다.

그동안 미디어 파사드는 「옥외광고물법」과 「빛공해 방지법」의 제한을 받아 왔다. 새로운 형태의 디지털 광고물이 등장해도, 기존의 법에서는 디지털 광고물에 대한 종류나 크기 같은 허가 및 신고 기준이 마련되지 않아 대부분의 디지털 광고물이 불법 광고로 분류되어 왔다. 그러나 「옥외광고물 등의 관리와 옥외광고산업 진흥에 관한 법률」(「옥외광고물법」, 시행 2017. 7. 26.)이 개정됨으로써 미디어 파사드도 날개를 달았다. 이 법의 제2조(정의) 제1항에서는 디지털 광고물을 옥외광고물에 포함시키고, 디지털 디스플레이를 이용해 정보와 광고를 제공하는 것이 디지털 광고물이라고 정의했다. 구체적인 내용은 대통령령으로 정하도록 했다. 이에 따라 디지털 광고물도 합법화되어 미디어 파사드가 발전할 수 있는 결정적인 발판이 마련되었다.

빛, 디지털, 상호작용으로 펼치는 거리의 예술

미디어 파사드는 발광다이오드(LED) 조명의 표출 방식이 있고 건물 외관을 스크린으로 활용하는 표출 방식도 있다. 그렇지만 지금 이 순간에도 미디어 파사드는 계속 진화하고 있어 그 유형을 구분하기가 현실적으로 쉽지 않다. 옥외광고 업계에서는 파사드를 구현하는 기술에 따라 세 가지 유형으로 구분한다(오은석, 2016).

첫째, 투사 사상(投射 寫像) 또는 프로젝션 매핑(projection

mapping) 기술에 의한 미디어 파사드다. 투사 사상은 대상물의 표면에 빛 영상을 투사해 그 대상을 다르게 보이도록 변화시키는 기술이다. 이 기술은 건물 외벽을 비롯해 인테리어 공간이나 오브제 같은 빛을 투사할 수 있는 모든 것을 스크린으로 활용한다. 건물이나 물리적 오브제에 빛을 투영하면 처음의 형태와 다른 착시 현상을 유발해 환상적인 이미지가 나타나는데, 투사 사상 기술을 활용한 파사드를 프로젝션 파사드(projection facade)라고 부르기도 한다.

캡슐커피 브랜드 네스카페 돌체구스토는 2016년 3월 21일부터 25일까지 서울역 앞의 서울스퀘어빌딩에 '커피 팔레트(Coffee Palette)'라는 미디어 파사드를 선보였다. 커피 방울에서 영감을 받아 디자인된 커피 머신 '스텔리아'와 터치만으로 간편하게 물의 양을 조절할 수 있는 스마트 터치 기능과 여러 종류의 캡슐을 화려한 빛으로 표현했다. 이 사례는 상업적 메시지를 전달하면서도 예술적 가치를 담아냈다는 점에서 향후 미디어 파사드를 활용한 상업광고가 가야 할 방향을 제시했다는 평가를 받았다.

둘째, 디지털 사이니지 기술에 의한 미디어 파사드다. 대부분의 디지털 사이니지는 발광다이오드(LED) 조명에 의한 디스플레이를 통해 구현된다. 건물 외벽을 시각적인 아름다움과 정보를 전달하는 매개물로 활용해 마치 거대한 크기의 디지털 사이니지의 형태로 미디어 파사드를 구현한다. 건물의 외벽, 내

제3부 기후변화를 주도하는 디지털 광고

[그림 13-2] 돌체구스토 캡슐커피머신의 미디어 파사드(2016)

부 천정, 내부 벽, 바닥 같은 공간을 하나의 거대한 화면으로 활
용하는 미디어 파사드는 빛의 움직임을 통해 수용자의 주목을
끄는 접점이자 매개물로 활용되는 셈이다.

삼성전자는 2018년 3월 2일에 아랍에미리트 두바이에 있는
829미터의 부르즈칼리파 외벽에 초대형 갤럭시S9과 갤럭시
S9+의 미디어 파사드를 진행했다. 현재까지 세계에서 가장 높

은 건축물인 부르즈칼리파에 이틀 동안 다섯 차례에 걸쳐 LED 미디어 파사드 광고를 노출했다. 중동 소비자들에게 갤럭시 제품을 소개하면서 "불가능을 가능케 하라(Do What You Can't)"는 삼성전자의 브랜드 철학도 함께 담았다. 삼성전자는 2016년에 갤럭시 노트7의 국내 출시를 기념해 서울 반포한강공원의 세빛섬에서 미디어 파사드 행사를 진행한 이후 국내외 요지에서 계속해서 미디어 파사드 광고를 선보여 왔다. 삼성전자는 주요 글로벌 도시의 상징 공간에 미디어 파사드를 노출함으로써 갤럭시 제품의 특성을 널리 알리는 데 성공했다.

[그림 13-3] 갤럭시9 부르즈칼리파의 미디어 파사드(2018)

셋째, 상호작용 기술에 의한 미디어 파사드다. 이 기법은 관람자의 움직임이나 소리에 반응하며 수용자와 상호작용하는 설치 예술(art installation)의 성격을 갖는다. 상호작용하는 경험을 다양하게 느낄 수 있는 이 기법은 도시 공간의 물리적 환경을 고려하면서 시민의 참여와 소통을 이끌어 내는 설치 예술의 기능도 하게 된다. 관람자와 실시간으로 대화하는 미디어 파사드도 있고, 주인공의 동작과 음성을 반영해 소비자와 실시간으로 상호작용하는 미디어 파사드도 있다.

서울시에서 2017년 9월 21일부터 서울로 7017 인근 우리은행 중림동 지점의 벽면에 설치한 가로 29m, 세로 7.7m의 '서울로 미디어 캔버스'는 상호작용 기술에 의한 미디어 파사드다. '서울로 미디어 캔버스'는 시민이 향유하고 공감할 수 있는 미디어아트와 영상 콘텐츠 같은 전자적 빛으로 구성된 예술 작품을 지속적으로 전시해 공공미술의 영역을 확장하고 있다. 기존의 일방향적 미디어 파사드와 달리, 스마트폰 앱으로 신청한 사람에게 영상, 사진, 문구를 보낼 기회를 제공하는 '로맨틱 캔버스'와 서울로 7017에서 찍은 사진을 앱으로 전송하면 대형 화면에 직접 표출되는 '방울방울 캔버스'가 있다. 미국 시카고의 명물인 크라운 분수의 미디어 파사드처럼, 서울시에서는 상호작용 미디어 파사드 광고를 활용해 서울의 관광 마케팅 활동을 전개하기도 한다. 상호작용 기술에 의한 미디어 파사드는 앞으로 광고의 영역을 확장시킬 것이다.

[그림 13-4] 서울로 미디어 캔버스의 미디어 파사드(2017)

피상성의 놀이 공간

미디어 파사드는 빛 조명을 이용한 초기의 전광판 스타일 형태에서 벗어나 지금은 디지털 기술과 융합되어 여러 분야에서 널리 활용되고 있다. 미디어 파사드는 우리에게 경이로운 시각적 자극을 주사(注射)한다. 그렇지만 미디어 파사드의 영상은 컴퓨터의 점멸하는 화소(pixel)가 만들어 낸 가상적 이미지일 뿐이다. 일찍이 미학자 발터 벤야민(Walter Benjamin, 1892~1940)이 지적했듯이 근대는 개인에게 자극을 주사하며 시작되었다. 빠르게 스쳐가는 군중, 아케이드의 명멸하는 조

제3부 기후변화를 주도하는 디지털 광고

명, 순간으로만 존재하는 이미지는 근대 도시가 개인에게 부여한 새로운 환경이었다. 이 과정에서 개인은 시각적 충격을 황홀하게 체험하고 내면화하면서 오늘에 이르렀다(발터 벤야민, 1990).

아케이드로 대표되는 도시 공간은 여러 계급이 대립하는 사회적 공간이자 새로운 미적 체험의 장이었으며, 결국 문화적 놀이 공간으로 변모했다(발터 벤야민, 2005). 마셜 맥클루언(Marshall Mcluhan, 1911~1980)과 함께 미디어 이론가로서 양대 산맥을 이룬 빌렘 플루서(Vilém Flusser, 1920~1991)는 디지털 미디어의 현상학에 주목했다. 그는 가상이 현실로 변하는 현대에 접어들어 철학자들이 회피하던 가상적인 것들이 부활했다고 선언하고, 디지털 문명이 가상을 현실 속에 편입시켜 진리의 전통적인 의미를 퇴색시켰다면서 현대 사회의 피상성을 예찬했다. 피상성(皮相性, Oberflächlichkeit, Superficiality)이란 본질적인 현상은 추구하지 않고 겉으로 드러나는 현상에만 관계하는 성질이다. 미디어 파사드는 피상성을 가장 대중적으로 구현한 기법이라는 점에서, 피상성을 예찬한 플루서는 디지털 시대에 적합한 인간의 존재론을 새롭게 제시했다고 평가할 수 있다.

플루서는 가상과 현실의 차이란 그저 '해상도의 차이'라고 설명했다. 문자의 시대가 가고, 다시 영상의 시대가 왔지만 이 영상은 과거의 영상과 달리 점으로 이뤄진 그림이다. 사람들은 컴퓨터를 이용해 점들을 연결해 선의 세계를 창조해 나간다.

역순으로 추적하면 점은 선을 형성하기 위해 움직이고, 선은 평면을 형성하기 위해 움직이며, 평면은 입체를 형성하기 위해 움직이고, 입체는 실제를 형성하기 위해 움직인다는 것이다. 다시 말해서, '점+시간=선, 선+시간=평면, 평면+시간=입체, 입체+시간=실제'의 과정을 통해 현실과 가상이 넘나드는 세계가 창조된다는 뜻이다(빌렘 플루서, 2004).

3차원의 세계에서 0차원의 세계(조각 3차원 → 벽화 2차원 → 문자 1차원 → 픽셀 0차원)로 이동해 온 인간은 이제 다시 거꾸로 거슬러가고 있다. 컴퓨터의 픽셀을 조합해 동영상을 만들어 내는 4차원의 세계로 이동하고 있는 것이다. 플루서는 현실과 가상의 경계가 분명하지 않다고 주장하며 현실의 가상성도 있고 가상의 현실성도 존재한다고 했다. 그리고 가상과 현실의 경계를 자유롭게 넘나드는 능력이 상상력이라고 말했다. 원시인이 '주술적 상상력'을 중시했다면, 현대인에게는 '기술적 상상력'이 필요하다는 뜻이다. 기술을 바탕으로 꿈을 현실화시키는 추상적인 놀이 공간의 한복판에 미디어 파사드가 있는 셈이다.

중간 지대에서 줄타기

미디어 파사드가 오늘날 더욱 주목받게 된 이유는 도시의 랜드마크 효과와 상징 효과를 기대할 수 있어 관광 홍보에 효과적이라는 사실 때문이었다. 미디어 파사드는 관광 홍보의 효과와 더불어 경제 효과도 창출할 수 있다(김현정, 2018). 이 밖에도 미디어 파사드는 다양한 목적에 알맞게 사람들과 상호작용을 하며 주도적인 미디어 문화로 발전할 것이며, 그 활용성이 앞으로 더욱 증가할 것이다. 그렇지만 아무리 아름다운 미디어 파사드라 할지라도 어떤 이에게는 공해가 될 수 있다. 행인의 주목을 더 끌기 위해 화려한 빛 영상을 비추다 보면 눈에 피로감을 느끼는 사람들도 있을 것이다.

기업이나 공공 분야에서 거액을 들여 미디어 파사드를 노출하는 까닭은 홍보나 마케팅 활동을 전개하려는 목적 때문이다. 미디어 파사드는 분명 옥외광고의 일종이지만, 미학과 예술성을 추구한다. 이런 점에서 미디어 파사드는 광고와 예술의 경계선에 놓인 표현 장르가 분명하다. 이처럼 어느 쪽이라고 단정 짓기 어려운 중간 지대(twilight zone)에서 줄타기를 잘해야 살아남는 것이 미디어 파사드의 숙명이다(서동민, 2011). 그래서 미디어 파사드는 홍보나 마케팅 수단으로만 활용되어서는 곤란하며, 사람들에게 아름다운 예술품을 보는 듯한 즐거움을 제공해야 한다.

미디어 파사드는 브랜드를 노출할 수 있는 첨단 기법이자 예술적 표현 양식이다. 분명히 광고 메시지에 해당되지만 광고 같지 않은 예술적 속성 때문에 미디어 파사드는 앞으로도 소비자 곁으로 자연스럽게 다가갈 것이다. 나아가 새로운 디지털 기술을 만나 미디어 파사드는 계속 발전해 나갈 것이다. 이는 곧 우리 주변에 벽 없는 미술관이 계속 확장되고 있다는 뜻이다. 소비자가 미디어 파사드를 적극적으로 즐겼을 때 비로소 광고 메시지도 공감대를 넓힐 수 있다. 우리가 벽 없는 미술관을 구경하기 위해 자주 길을 나서야 하는 까닭도 바로 이 때문이다.

> **✔ 핵심 체크**
>
> 미디어 파사드는 옥외광고로 실현된 '벽 없는 미술관'이다. 그러나 아무리 아름다운 미디어 파사드라 할지라도 어떤 이에게는 공해가 될 수 있다. 미디어 파사드는 분명 옥외광고의 일종이지만, 미학과 예술성을 추구한다. 광고와 예술의 경계선에 놓인 중간 지대에서 줄타기를 잘해야 살아남는 것이 미디어 파사드의 숙명이다.

제3부 기후변화를 주도하는 디지털 광고

강동철 (2018. 10. 2.). "35세 중국인의 반란, 창업 6년만에 우버 제쳤다." 조선일보.

강태호 (2015). "옴니채널이란?" KAA Journal, 3 · 4월호, pp. 36-38.

고문정, 윤석민 (2016). 온라인 플랫폼에서의 다중채널 네트워크(MCN) 비즈니스 모델 탐색. 정보통신정책연구, 23 (1), pp. 59-94.

구진경, 이상현, 이동희 (2015). 신규 유통채널 등장에 따른 유통 생태계 변화에 관한 연구. 서울: 산업연구원.

김경숙 (2017). 인터랙티브 미디어서비스 환경에서의 1인 방송의 법적 성격: 플랫폼 역할의 관점에서. 법학연구, 25 (1), pp. 127-152.

김미경 (2020). 인공지능과 광고. 김현정 외 (2020). 스마트 광고 기술을 넘어서. 서울: 학지사. pp. 85-110.

김병희 (2015). 스마트 시대의 광고 문화. 서울: 커뮤니케이션북스.

김병희 (2016). 광고로 보는 미디어 테크놀로지의 소비문화사. 서울: 서울경제경영.

김병희 (2018. 10. 11.). "Can AI Enhance Creativity?" Cannes Lions×Seoul. PPT 자료. pp. 1-34.

김병희, 지준형, 지원배, 김기현, 김두완 (2016). 언론사 네트워크 광고 현황 및 개선방안. 서울: 한국언론진흥재단.

김선호, 박아란 (2017). 4차 산업혁명과 뉴스 미디어 정책. 서울: 한국언론진흥재단.

김소연, 황보현우 (2020). 크리에이티브의 미래 인공지능. 윤일기 외 (2020). 디지털 시대의 광고 크리에이티브. 서울: 학지사. pp. 333-354.

김지윤 (2020). OTT와 SMR. 김현정 외 (2020). 스마드 광고 기술을 넘어서. 서울: 학지사. pp. 201-220.

김현정 (2018). 가상현실 미디어 파사드를 통한 지역 문화콘텐츠의 구현 가치에 대한 연구: 플루서의 텔레마틱 이상사회론을 중심으로. 한국OOH광고학회 2018년 추계정기학술대회 논문집. pp. 169-174.

김현정 (2020). 변화하는 광고. 김현정 외 (2020). 스마트 광고 기술을 넘어서. 서울: 학지사. pp. 17-51.

김형택 (2015). 옴니채널 & O2O 어떻게 할 것인가? 온 · 오프라인의 경계가 사라진 시대의 마케팅 전략. 서울: e비즈북스.

롤로이 (2020. 3. 30.). "광고주가 알아야 할 유튜브 광고 상품1 인지도-예약형." https://coremuni.tistory.com/39?category=417411

롤로이 (2020. 4. 3.). "광고주가 알아야 할 유튜브 광고 상품2 인지도-경매형." https://coremuni.tistory.com/42?category=417411

BARUM (2020). "YouTube AD: 왜 유튜브 광고에 열광하는가?" https://thebarum.co.kr/youtubeAd

발터 벤야민 저, 반성완 외 편역 (1990). 발터 벤야민의 문예이론. 서울: 민음사. pp. 119-164.

발터 벤야민 저, 조형준 역 (2005). 아케이드 프로젝트 1. 서울: 새물결.

방송통신위원회 (2017. 2. 7.). "온라인 맞춤형 광고 개인정보보호 가이드라인." http://www.kcc.go.kr/user.do?boardId=1113&page=A05030000&dc=&boardSeq=44427&mode=view

배기형 (2016). MCN. 서울: 커뮤니케이션북스.

빌렘 플루서 저, 김성재 역 (2004). 피상성 예찬: 매체 현상학을 위하여. 서울: 커뮤니케이션북스.

서동민 (2011. 2. 10.). "광고와 예술의 경계, 미디어 파사드." IT동아일보.

https://it.donga.com/4519/

서희정, 김류원, 정세훈 (2018). 온라인 동영상 광고의 강제노출이 광고태도에 미치는 영향: 맥락일치성에 따른 심리적 반발의 조절된 매개효과. 광고학연구, 29 (4), pp. 73-93.

CJ E&M MEZZOMEDIA 트렌드전략팀 (2016. 9. 7.). "한국 최초의 애드텍 (ad:tech), 무엇을 남겼나? 'ad:tech@AD STARS'를 통해 살펴본 10가지 Insight."

신원수, 한국온라인광고협회 (2020. 7.). 온라인 광고 정의 및 용어. 파워포인트 자료.

신일기 (2016). 옥외광고물 자유표시구역 추진 방안 연구. OOH광고학연구, 13 (2), pp. 89-120.

신일기 (2020). 홀로그램과 광고의 미래. 김현정 외 (2020). 스마트 광고 기술을 넘어서. 서울: 학지사. pp. 285-318.

심성욱 (2013). 디지털 광고물의 법적적용에 관한 연구: 디지털 사이니지 중심으로. 옥외광고학연구, 10 (2), pp. 39-72.

심성욱, 박현 (2012). 신옥외광고론. 서울: 서울경제경영.

아웃사이트(2019. 2. 17.). "구글에서 말하는 6초의 미학 범퍼 애드의 6가지 크리에이티브 전략." https://outsight.co.kr/

안종배 (2020). 미래학원론. 서울: 박영사.

오은석 (2016). 미디어 파사드와 인터랙티브 아트 인스톨레이션. 방송과 미디어, 4월호, pp. 61-70.

유선의 (2016. 2. 24.). "집회·시위 자유 요구: 광화문서 첫 홀로그램 집회." jTBC. http://news.jtbc.joins.com/article/article.aspx?news_id=NB11179975

유수정, 이석호, 김균수 (2016). O2O 관련 언론보도 내용분석을 통해 살펴본 국내 ICT 서널리즘의 현황. 정보통신정책연구, 23 (4), pp. 117-149.

유승철 (2016). 디지털 사이니지. 서울: 커뮤니케이션북스.

YouTube 고객센터 (2020). "YouTube 광고 형식." https://support.google.

com/youtube/answer/2467968?hl=ko

이선희 (2018). 온라인 동영상 제공 서비스(OTT) 이용 행태 분석. 충북: 정보통신정책연구원.

이성미 (2020). 증강현실, 가상현실, 혼합현실과 광고. 김현정 외 (2020). 스마트 광고 기술을 넘어서. 서울: 학지사. pp. 255-283.

이승지, 박현찬 (2016). 서울시 미디어 파사드 설치현황과 관리방향 설정 연구. 서울도시연구, 17 (2), pp. 13-28.

이시훈 (2017. 2. 9.). "온라인 맞춤형 광고 가이드라인의 내용과 쟁점." KISO저널, 26, http://journal.kiso.or.kr/?p=7976

이호택, 정난희 (2017). 국내·외 옴니채널 트렌드와 사례. 경영컨설팅연구, 17 (3), pp. 231-240.

이희복 (2019). 인공지능과 광고제작의 변화. 최민욱, 김병희, 송기인, 이희복, 정상수, 이수범, 김찬석, 오세성 (2019). 광고홍보 산업의 현재와 미래. 서울: 한경사. pp. 145-171.

임현재 (2018. 9.). "유튜브 알고리즘과 활용 방안: 10초에 승부 건 동영상, 6초짜리 광고 유튜브 마케팅 핵심−초반에 눈이 커지게." Dong-A Business Review, 257. https://dbr.donga.com/article/view/1202/article_no/8814

정미하 (2020. 2. 10.). "유튜브 광고 매출 첫 공개: 2년 전보다 86% 증가한 18조원, 네이버의 3배." Economy Chosun, 334호. http://economy.chosun.com/client/news/view.php?boardName=C12&t_num=13608406

정상조 (2008). 광고기술의 발전과 개인정보의 보호. 저스티스, 106, pp. 601-623.

정수연 (2018). 온라인 맞춤형 광고의 행태정보 규제 현황 및 시사점. 정보통신방송정책, 30 (3), pp. 1-23.

정영훈, 이금노 (2016). O2O 서비스에서의 소비자 문제와 개선방안 연구. 충북: 한국소비자원.

정효택, 윤기송, 손욱호 (2014). 고해상도를 지원하는 디지털 사이니지 기술 및 산업동향. 한국전자통신연구원. **전자통신동향분석**, 29 (1), pp. 72-82.

차주경 (2020. 9. 15.). "김상희 국회부의장, 유튜브 뒷광고 방지법 발의." IT조
선일보.

천용석 (2016). 디지털 사이니지 산업진흥 정책의 현황과 시사점. **정보통신방송
정책**, 28 (4), pp. 1-21.

최세경 (2019). 국내 OTT 서비스의 지형 변화와 시장 전망. **언론중재**, 150, pp.
4-17.

최세정 (2017). "광고 기술"(56-59), "개인 맞춤형 광고"(178-181), "다중채널
네트워크(MCN)"(226-228), "온라인 광고"(255-258). 김병희, 김찬석, 김
효규, 이유나, 이희복, 최세정 (2017). **100개의 키워드로 읽는 광고와 PR**. 파
주: 한울엠플러스.

칩 히스, 댄 히스 저, 안진환, 박슬라 역 (2009). **스틱**. 서울: 엘도라도.

KBS1-TV (2017. 4. 21.). "명견만리: 로봇 시대, 인간의 자리는?" KBS1-TV.

宣伝会議 (2016. 8.). "人工知能CDと人間CDがCM対決！その結果は？"
ブレーン. https://mag.sendenkaigi.com/brain/201608/up-to-
works/008484.php

宣伝会議ブレーン編集部 (2017. 9. 14.). "'クロレッツ ミントタブ'のCMを
AIと人間で制作してみたら: 世界初の人工知能クリエイティブディレ
クター‐'AI-CD β'." *AdverTimes* (アドタイ). https://www.advertimes.
com/20170914/article257453/2/

Admin (2019. 12. 2.). "What Is OTT? The Advantages of OTT Advertising."
https://gofloridaseo.com/what-is-ott/

ADVENUE (2020. 1. 12.). "Display Lumascape 2020." https://www.
advenuemedia.co.uk/2020/01/display-lumascape-2020/

Bagnall, Dolly (2019. 10. 15.). "Video Advertising: A Guide to Video Ad
Types and Formats." *OKO Ad Management*. https://oko.uk/blog/

video-ad-formats.

Digi-Capital (2018. 1. 26.). "Search Results for: 90 Billion AR. Ubiquitous $90 billion AR to dominate focused $15 billion VR by 2022." (https://www. digi-capital.com/news/?s=90+Billion+AR#.WxnyeuRul9A)

Dopson, Elise (2020). "The Ultimate Guide to YouTube Advertising in 2020." *Single Grain*. https://www.singlegrain.com/video-marketing/ultimate-guide-youtube-advertising/

FTC (2009. 2.). "FTC Staff Report: Self-Regulatory Principles For Online Behavioral Advertising." FTC.

Gardner, J., & Lehnert, K. (2016). "What's New about New Media? How Multi-Channel Network with Content Creators." *Business Horizons*, 59 (3), pp. 293-302.

Guinness World Records (2017. 8. 8.). "Largest 3D Robotic Billboard: The Coca-Cola Company." https://www.guinnessworldrecords.com/ world-records/474527-largest-mechanical-3d-billboard/

IAB (2012. 2.). "Mobile Buyer's Guide." (2nd ed.) https://www.iab.com/ wp-content/uploads/2015/08/Mobile_Buyers_Guide_2012revision-final-a.pdf

IAB (2016. 1. 8.). "Digital Video In-Stream Ad Format Guidelines." https:// www.iab.com/wp-content/uploads/2016/01/DVAFG_2015-01-08.pdf

IAB Data Center of Excellence (2019. 12. 9.). "Artificial Intelligence in Marketing Report." https://www.iab.com/insights/iab-artificial-intelligence-in-marketing/

IAB Technology Laboratory (2019. 6. 26.). "Video Ad Serving Template (VAST) VERSION 4.2." https://iabtechlab.com/wp-content/ uploads/2019/06/VAST_4.2_final_june26.pdf

Kaput, Mike (2020. 6. 23.). "How to Use Artificial Intelligence in Advertising." Marketing Artificial Intelligence Institute. https://www.

marketingaiinstitute.com/blog/how-to-use-artificial-intelligence-in-advertising.

Kim, Byoung Hee (2019). "Analysis of the Interrelationships among Uses Motivation of Social Media, Social Presence, and Consumer Attitudes in Strategic Communications." *Asian Communication Research*, *16* (2), pp. 141-170.

Knapp, D., & Marouli, E. (2013. 8. 23.). "Adex Benchmark 2012: European Online Advertising Expenditure." IAB Europe. p. 19.

Lombard, M., & Snyder-Duch, J. (2001) "Interactive Advertising and Presence." *Journal of Interactive Advertising*, *1* (2), 56-65.

Malraux, Andre, Translated by Stuart Gilbert (1954). *The Voices of Silence*. *London*. England: Secker & Warburg. pp. 15-17.

Microsoft reporter (2016. 4. 13.). "The Next Rembrandt." https://news.microsoft.com/europe/features/next-rembrandt/

Pandey, Atul (2019. 8. 8.). "What is Online Advertising?" AK DigiHub. https://akdigihub.com/what-is-online-advertising/

Rigby, Darrell K. (2011). "The Future of Shopping." *Harvard Business Review*, *89* (12), pp. 64-75. https://hbr.org/2011/12/the-future-of-shopping

Riordan-Butterworth, Brendan (2016. 4. 29.). "How LEAN Can You Get? A Scale and a Score Will Tell You." IAB Tech Lab. https://www.iab.com/news/lean-principles-criteria-scoring/

Roach, Jeff (2019. 7. 31.). "Why Digital Advertising Killed Creativity And How To Make Your Brand Remarkable Again." *SCS*. https://www.wearescs.com/digital-marketing/why-digital-advertising-killed-creativity-and-how-to-make-your-brand-remarkable-again/

Schaeffler, Jimmy (2008). *Digital Signage: Software, Networks, Advertising, and Displays: A Primer for Understanding the Business*. Burlington,

MA: Focal Press.

Singh, Shailley (2019. 4. 7.). "What Does it Mean to be LEAN?" IAB Tech Lab. https://iabtechlab.com/blog/what-does-it-mean-to-be-lean/

Tal, Noa Gruman (2019. 11. 4.). "A Brief History of Digital Video Advertising." Business Insights, Tech Insights. https://blog.streamroot.io/brief-history-digital-video-advertising/

TechCrunch (2010. 8. 7.). "Why Online2Offline Commerce Is A Trillion Dollar Opportunity." https://techcrunch.com/2010/08/07/why-online2offline-commerce-is-a-trillion-dollar-opportunity/

THEO (2017. 3. 10.). "Content Monetization with Server-Side Ad Insertion." https://www.theoplayer.com/blog/content-monetization-server-side-ad-insertion

Yim, Jungsu (2016). "Models of Responding Strategy of Legacy Media to MCN in the U.S." *Journal of Broadcasting and Telecommunications Research*, 95, 35-63.

YouTube (2017. 9. 28.). "A. I. vs. Human Creative Battle." https://www.youtube.com/watch?v=CV5KvMust0Y

Wikipedia (2020). "Omnichannel." http://en.wikipedia.org/wiki/Omni-channel_Retailing

Winslow, George (2015). "For Programmatic Ad Tech, Efficiency Is Key Driver." *Broadcasting & Cable*, 145 (6), pp.14-16.

Wyzowl (2020). "YouTube Advertising in 2020: How to Advertise on YouTube." https://www.wyzowl.com/how-to-advertise-on-youtube/

Zawadziński, M., & Wlosik, M. (2018. 4. 19.). "OTT Advertising: What it is and How Does It Work?" *CLEARCODE*. https://clearcode.cc/blog/ott-advertising/

저자 소개

김병희(Kim Byoung Hee)

현재 서원대학교 광고홍보학과 교수로 재직하고 있다. 서울대학교를 졸업하고, 한양대학교 광고홍보학과에서 광고학박사를 받았다. 한국PR학회 제15대 회장과 한국광고학회 제24대 회장으로 봉사했으며, 제1기 정부광고자문위원회 위원장과 서울브랜드위원회 위원장을 비롯해 여러 정부기관의 광고 PR 마케팅 정책 자문을 맡고 있다. 그동안 『정부광고의 정석』(커뮤니케이션북스, 2019), 『어떻게 팔지 답답한 마음에 슬쩍 들춰본 전설의 광고들』(이와우, 2018)을 비롯한 50여 권의 저서를 출판했다. 주요 논문은 「Analysis of the Interrelationships among Uses Motivation of Social Media, Social Presence, and Consumer Attitudes in Strategic Communications」(2019), 「네트워크 광고의 생태계에 대한 인터넷 언론계와 광고업계의 인식 비교」(2019) 등 100여 편이 있다. 한국갤럽학술상 대상(2011), 제1회 제일기획학술상 저술 부문 대상(2012), 교육부·한국연구재단의 우수 연구자 50인(2017) 등을 수상했고, 정부의 정책 소통에 기여한 공로를 인정받아 대통령 표창(2019)을 받았다.

이메일: kimthomas@hanmail.net

학지컴인사이트총서 001

디지털 시대의 광고 마케팅 기상도
The Weather Forecast Map of Advertising and
Marketing in the Digital Age

2021년 1월 20일 1판 1쇄 발행
2021년 3월 10일 1판 2쇄 발행

지은이 • 김병희
펴낸이 • 김진환
펴낸곳 • ㈜**학지사**

04031 서울특별시 마포구 양화로 15길 20 마인드월드빌딩
대표전화 • 02-330-5114   팩스 • 02-324-2345
등록번호 • 제313-2006-000265호

홈페이지 • http://www.hakjisa.co.kr
페이스북 • https://www.facebook.com/hakjisa

ISBN 978-89-997-2246-2 03320

정가 14,000원

출판 · 교육 · 미디어기업 **학지사**

간호보건의학출판 **학지사메디컬** www.hakjisamd.co.kr
심리검사연구소 **인싸이트** www.inpsyt.co.kr
학술논문서비스 **뉴논문** www.newnonmun.com
원격교육연수원 **카운피아** www.counpia.com